100ROCKABILLY LICKSFÜRGITARRE

Meistere die stilprägenden Licks, Rhythmen und Techniken der Rockabilly-Gitarre

DARREL**HIGHAM**

FUNDAMENTAL**CHANGES**

100 Rockabilly-Licks für Gitarre

Meistere die stilprägenden Licks, Rhythmen und Techniken der Rockabilly-Gitarre

ISBN: 978-1-78933-358-9

Veröffentlicht von **www.fundamental-changes.com**

www.fundamental-changes.com

Über 11.000 Fans auf Facebook: **FundamentalChangesInGuitar**

Instagram: **FundamentalChanges**

Über 350 kostenlose Gitarrenlektionen mit Videos findest du unter

www.fundamental-changes.com

Darrel kontaktieren:

https://darrelhigham.com

https://www.patreon.com/darrelhighammusic

Inhalt

Einführung

Rockabilly: Die Musik

Rockabilly ist die Bezeichnung für den Schmelztiegel verschiedener Musikstile und entstand in den frühen 1950er Jahren als einer der ersten Ableger des Rock ‚n' Roll. Der Rock ‚n' Roll entstand in den späten 1940er Jahren in den USA und war selbst eine Mischung aus Blues und Country - insbesondere Rhythm & Blues und Western Swing. Erst Mitte der 50er Jahre wurde er als „Rock ‚n' Roll" bezeichnet.

Der Begriff Rockabilly ist eine Mischung aus den Wörtern „Rock" und dem leicht abwertenden „Hillbilly". Der Begriff wurde übernommen, um diesen neuen musikalischen Ableger zu beschreiben, den viele für die reinste Form des Rock ‚n' Roll halten. Rockabilly ist eine fröhliche Musik mit treibenden, mitreißenden Rhythmen und einer charakteristischen dynamischen Gitarrenarbeit. Sie hat ein besonderes Gefühl, aber vor allem einen ganz eigenen *Sound*. Es gibt nichts Vergleichbares, und wenn man sich erst einmal von diesem Sound hat anstecken lassen, merkt man, dass es um mehr als nur Musik geht - es ist ein Lebensstil.

1954 nahm Elvis Presley zusammen mit Scotty Moore an der Leadgitarre und Bill Black am Kontrabass die Single *That's Alright Mama/Blue Moon of Kentucky* für Sun Records in Memphis auf, die allgemein als die erste reine Rockabilly-Aufnahme gilt. Elvis sang mit dem gefühlvollen Stil eines Gospelsängers und schon auf diesen frühen Aufnahmen kann man in Scotty Moores Gitarrenarbeit Licks und Fills hören, die den Rockabilly-Gitarrenstil definieren sollten. Scotty Moore war stark von den legendären Country-Gitarristen Chet Atkins und Merle Travis sowie vom Jazz-Stil von Spielern wie Les Paul beeinflusst.

Scottys Daumenpicking-Stil mit Bill Black, der Slapping auf dem Kontrabass spielte und Elvis' kraftvolle akustische Rhythmusgitarre mussten die Songs ausfüllen, da auf den meisten Sun-Aufnahmen von Elvis kein Schlagzeug vorhanden ist. Im Nachhinein kann die Entscheidung des Produzenten Sam Phillips, keine komplette Band für Elvis' erste Session im Studio einzusetzen, als ein weiterer entscheidender Moment in der Entstehung des Rockabilly angesehen werden. Aufgrund des lokalen Erfolges von *That's Alright Mama* (es wurden ca. 35.000 Exemplare verkauft) wurde beschlossen, diese minimale Besetzung für die meisten der nachfolgenden Aufnahmen, die Elvis für das Label machte, beizubehalten. Ein weiterer wesentlicher Bestandteil des Aufnahmeprozesses war die Verwendung des Slap-Back-Echos, ein von Phillips entwickelter Effekt, der dazu beitrug, den einzigartigen Sound zu kreieren, der bis heute erhalten geblieben ist.

Elvis, Scotty und Bill tourten fast zwei Jahre lang ununterbrochen durch den Süden und beeinflussten viele andere Musiker, die sich den neuen Sound zu eigen machten, darunter Künstler wie Buddy Holly und Eddie Cochran. Pioniere wie Carl Perkins, Gene Vincent (mit dem namhaften Gitarristen Cliff Gallup in seiner Band) und andere bahnten dem Stil mit ihren eigenen Aufnahmen und Live-Auftritten in der Nachfolge von Elvis den Weg.

Es gäbe noch so viel mehr über die Ursprünge des Stils zu sagen, aber leider ist dies kein Buch über die Geschichte des Rockabilly! Eines ist jedoch sicher: Seit den frühen 50er Jahren bis heute ist der Rockabilly nie verschwunden, auch wenn musikalische Trends kamen und gingen (von Synthesizern bis zu „big-hair" Gitarrenmusik und mehr). Immer wieder sind neue Stimmen aufgetaucht, die die Fackel dieser Musik weitertragen, die nach wie vor ihre Wirkung entfaltet. Von Brian Setzer, Mark Harman, Ray Cotton bis hin zu Paul Pigat, Carlo Edwards und vielen anderen ist sie heute so populär wie eh und je.

Um die Stimmung des Rockabilly wirklich einzufangen, muss man die Musik hören. Damit du noch mehr entdecken kannst, habe ich eine Spotify-Playlist mit den meiner Meinung nach wichtigsten Rockabilly-Songs zusammengestellt, die man unbedingt gehört haben sollte. Öffne die Spotify-App, tippe auf das Suchfeld und das Kamerasymbol erscheint oben rechts. Tippe auf das Kamera-Symbol und scanne den untenstehenden Code, um die Playlist zu deiner Bibliothek hinzuzufügen.

Rockabilly: Die Akteure

Es gibt so viele großartige Rockabilly-Gitarristen zu entdecken, die den Stil beeinflusst haben, von der alten bis zur neuen Schule - zu viele, um sie hier alle zu erwähnen. Stattdessen möchte ich die Spieler hervorheben, die meinen eigenen Spielstil am meisten beeinflusst haben.

Eddie Cochran

Zweifellos hat Eddie Cochran den größten Einfluss auf mein Spiel gehabt. Gegen Ende der 50er Jahre haben seine Klassiker *C'mon Everybody*, *Summertime Blues* und *Somethin' Else* die Fantasie seiner Generation beflügelt. Seine Musik, sein Stil und seine rebellische Haltung, und auch sein früher Tod im Alter von nur 21 Jahren, haben ihn zu einer Ikone gemacht.

Als Gitarrist hatte Eddie einen starken, selbstbewussten Stil mit viel Charakter und Energie, allerdings nicht auf Kosten von Können und Finesse. Er hatte einen unverwechselbaren, schneidenden Gitarrenton, spielte Riffs, die sich sofort einprägten und gut durchdachte melodische Phrasen. Wenn du die Kunst der Phrasierung beherrschen willst, dann hör dir Eddie an! Die Aggressivität in Eddies Spiel hat mich immer angezogen. Er hat eine Art, mit dynamischen Gitarren-Licks die Aufmerksamkeit auf sich zu ziehen, selbst wenn er eine Ballade spielt.

Eddie experimentierte mit seiner Gitarre, um seinen einzigartigen Sound zu erreichen. Er stimmte oft seine ganze Gitarre einen Ganzton tiefer, so dass er in Standardstimmung spielen konnte, aber eine tiefes, offenes D erhielt. Das verlieh seinen Riffs ein unverwechselbares, tiefes Knurren, das ohne Umstimmen nicht nachgeahmt werden konnte (und das es für mich auch schwieriger machte, herauszufinden, wie er seine Gitarrenparts spielte!)

Während einige Spieler ausschließlich Single-Note-Lines mit Jazz-Einfluss spielten, entschied sich Eddie immer für einen kraftvollen rhythmischen Ansatz, der mit viel Attack gespielt wurde. In Wirklichkeit war er ein weitaus besserer Gitarrist, als es seine Aufnahmen vermuten lassen, aber er erkannte, dass es in der Musik vor allem um den Hook und den Groove ging, so dass er seine Gitarrenarbeit auf ein Minimum reduzierte, um der Musik zu dienen.

Ich war erst 5 oder 6 Jahre alt, als ich Eddies Musik zum ersten Mal hörte. Ich ging durch die Plattensammlung meiner Eltern und stolperte über das Album *Singin' to My Baby*. Auf dem Cover hält Eddie eine wunderschöne Gretsch 6120 in der Hand, und ich wollte unbedingt eine besitzen. (Ich verliebte mich in die Gitarre, bevor ich die Musik hörte). Obwohl dieses Album von den Songs her nicht zur klassischen Cochran-Ära gezählt wird, ist es mein Lieblingsalbum, weil man hier sein Gitarrenspiel wirklich zu hören bekommt. Das Eröffnungsstück, *Sittin' in the Balcony*, hat ein wunderbares Gitarrenbreak in der Mitte und Eddies Ton und Gefühl sind spektakulär. Und man höre sich die explosiven Gitarrensoli bei *Am I Blue an* - einfach großartig! Wenn du die Gelegenheit hast, solltest du dir dieses Album unbedingt anhören.

Cliff Gallup

Cliff spielte 1956 nur ein Jahr lang in der Band von Gene Vincent, doch während dieser Zeit nahm er 35 Titel mit Vincent auf, darunter seinen großen Hit *Be-Bop-A-Lula*. Diese Stücke werden von Rockabilly-Fans immer noch verehrt, aber Cliffs Einfluss als Gitarrist reichte weit über dieses Genre hinaus. Er war ein einfallsreicher und wunderbarer Gitarrist, der außerhalb des Rockabilly wie Chet Atkins spielen konnte.

Man erzählt sich, dass, als Vincents Band das erste Mal in Owen Bradleys Studio in Nashville auftauchte, der Produzent Ken Nelson und Bradley Session-Musiker in den Startlöchern hatten, die einspringen sollten, wenn die Band nicht ganz auf der Höhe war. Aber als Cliff die Gitarrensoli auf dem Klassiker *Race With the Devil* spielte, wusste jeder, dass sie nicht gebraucht werden würden. Gitarristen sind sich einig, dass Gallup ein Mann war, der seiner Zeit voraus war, und viele der von ihm geschaffenen Licks gehören zum festen Bestandteil des Rockvokabulars.

Scotty Moore

Scotty Moore ist der Vater des Rockabilly-Gitarrenspiels und war ein Gründungsmitglied der Blue Moon Boys, die aus Scotty, dem Bassisten Bill Black und natürlich Elvis Presley bestanden. Der Besitzer der Sun Studios, Sam Phillips, stellte Elvis Scotty vor, und Scotty wiederum stellte Elvis Bill vor - der Rest ist Geschichte. Scotty wurde Elvis' Live- und Studiogitarrist von 1954 bis 1968.

Scotty selbst sagt, dass er bei den frühen Elvis-Aufnahmen nur Ideen ausprobierte - er versuchte, Dinge zu vermischen und spontan zu „erfinden". Sein Spielstil war eine Kombination aus Daumenpicking-Country und ein paar ausgewählten Jazz-Licks, die er von Spielern wie Barney Kessel, Tal Farlow und Les Paul gelernt hatte. Diese verschiedenen Elemente kombinierte er zu seinem einzigartigen Sound, der besonders gut als Hintergrund für Elvis' energiegeladenen, vom Gospel geprägten Gesang funktionierte.

Grady Martin

Grady Martin ist ein weniger bekannter Name, aber als Session-Gitarrist war er Mitglied des Nashville A-Teams (ein Spitzname für die vielseitigen, elitären Session-Spieler, die die bekanntesten Künstler der 1950er bis frühen 1970er Jahre begleiteten und zu denen auch die Gitarristen Chet Atkins und Hank Garland gehörten).

Grady spielte auf Hunderten von Hitplatten - zu viele, um sie alle aufzuzählen - und unzähligen Rockabilly-Klassikern, darunter alle Nashville-Aufnahmen von Johnny Burnette & The Rock ‚n' Roll Trio, Johnny Carroll, Don Woody und Ronnie Self, um nur einige zu nennen. Grady gilt auch als Entdecker des Fuzz-Effekts auf der Gitarre, als er den Part des Songs *Don't Worry* von Marty Robbins durch ein Mischpult mit einem fehlerhaften Kanal aufnahm!

Als Spieler war Grady ähnlich wie Cliff Gallup ein cleverer Spieler, der in der Lage war, unendlich viele interessante und einfallsreiche Melodien zu erfinden. Er schien immer genau zu wissen, was er spielen musste, um den perfekten Einstieg in einen Song zu schaffen und alle seine Soli sind melodisch und gut aufgebaut.

* * *

Ich hoffe, du hast genauso viel Freude daran, diese großartige Musik zu erkunden, wie ich sie im Laufe der Jahre hatte und habe!

Darrel

Hol dir das Audio

Die Audiodateien zu diesem Buch kannst du kostenlos von **www.fundamental-changes.com** herunterladen. Der Link befindet sich in der oberen rechten Ecke. Klicke auf den Link „Gitarre", wähle dann einfach diesen Buchtitel aus dem Dropdown-Menü aus und folge den Anweisungen, um die Audiobeispiele zu erhalten.

Wir empfehlen dir, die Dateien direkt auf deinen Computer (nicht auf dein Tablet) herunterzuladen und sie dort zu extrahieren, bevor du sie zu deiner Mediathek hinzufügst. Du kannst sie dann auf dein Tablet oder deinen iPod laden oder auf CD brennen. Auf der Download-Seite findest du eine Anleitung und wir bieten auch technische Unterstützung über das Kontaktformular.

Über 350 kostenlose Gitarrenlektionen mit Videos findest du hier:

www.fundamental-changes.com

Über 12.000 Fans auf Facebook: **FundamentalChangesInGuitar**

Markiere uns zum Teilen auf Instagram: **FundamentalChanges**

Kapitel Eins - Signature Licks

Wie bei gesprochenen Sprachen gibt es in jedem Musikgenre gemeinsame Phrasen, die man unbedingt kennen muss, wenn man sie fließend beherrschen und authentisch klingen will. Wie beim Jazz oder Blues gibt es auch im Rockabilly Licks, die man *unbedingt* unter den Fingern haben muss, um den authentischen Sound und Vibe der Musik einzufangen. In diesem Kapitel zeige ich dir einige Single Line (Einzelnoten) Rockabilly „Signature Licks", um dir den Einstieg zu erleichtern.

Haltung, Gefühl und Ton sind bei diesem Musikstil genauso wichtig wie die gespielten Noten. Lade dir also unbedingt die Audiobeispiele für die Licks herunter und höre sie dir an, bevor du sie spielst.

Nebenbei erkläre ich dir alle spezifischen Techniken und die Theorie, die du kennen musst, damit du später das Handwerkszeug hast, um deine eigenen Licks zu entwickeln. Aber ein großer Teil des Rockabilly folgt dem Drei-Akkord-Format des Rock ‚n' Roll, so dass die Theorie, die du kennen musst, minimal ist.

Mehr als in den meisten anderen Musikrichtungen sind die Riffs und Licks im Rockabilly sehr eng mit den Akkorden verbunden, über die sie gespielt werden. Die Licks folgen oft den Akkordformen, während sie sich über den Hals bewegen. Die ersten Beispiele basieren auf einem G-Dur-Akkord in der dritten Position.

Da in Rockabilly-Bands immer ein Kontrabassist mitspielt, vermeide ich es in der Regel, Grundtöne auf der tiefen E-Saite zu spielen, wie im Akkorddiagramm unten angegeben. Der Bassist spielt in diesem Musikstil immer den Grundton, und die Rhythmusgitarre neigt dazu, Akkorde zu spielen, die auf den oberen Saiten gegriffen werden, so dass sie mit dem charakteristischen schneidenden Rockabilly-Ton gut durch den Mix dringen.

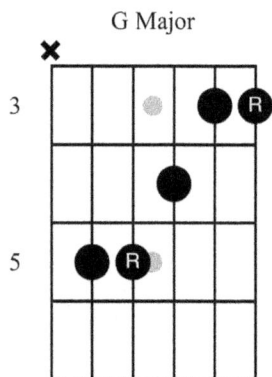

Um ein Solo über diesen Akkord zu spielen, mischen Rockabilly-Gitarristen pentatonische Dur- und Moll-Tonleitern, ähnlich wie Blues-Gitarristen. Die Kombination der beiden Skalen ermöglicht es uns, in einer einzigen Position auf dem Griffbrett zu bleiben, aber gleichzeitig Zugang zu mehr Noten für Licks zu haben.

Dies wird in den folgenden Diagrammen veranschaulicht. Das erste Diagramm zeigt die G-Dur-Pentatonik, das zweite die G-Moll-Pentatonik - beide in der dritten Position. Das dritte Diagramm ist eine Mischform, die beide Tonleitern in einer kombiniert. Im weiteren Verlauf wirst du feststellen, dass viele Rockabilly-Linien zwischen Dur- und Moll-Tonarten hin- und herspringen. Daher ist es nützlich, diese kombinierte Form unter den Fingern zu haben und sich aller verfügbaren Notenoptionen bewusst zu sein.

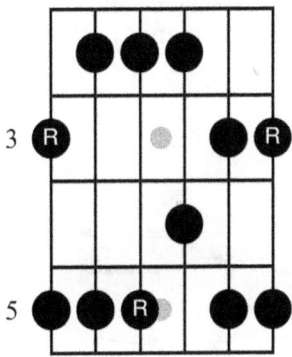

G Major Pentatonic   G Minor Pentatonic   Combined Shape

Unser erstes Beispiel ist ein absolutes Rockabilly-Standard-Lick. Obwohl es auf den ersten Blick ein klischeehaftes Blues-Lick ist, bekommt es eine ganz andere Note, wenn es mit dem klassischen Rockabilly-Sound und der entsprechenden Einstellung gespielt wird. (Siehe das Kapitel über Gitarren, Verstärker und Effekte am Ende des Buches für Tipps zum Equipment).

Beispiel 1a

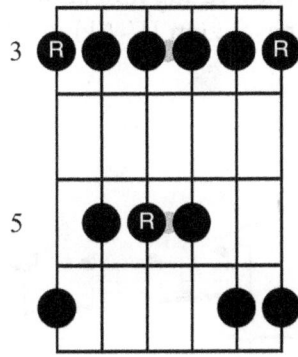

Das nächste Lick fügt eine zusätzliche Note ein, die nicht in unserem hybriden Skalenmuster enthalten ist (die Db-Note auf der A-Saite, vierter Bund). Dies ist eine chromatische Annäherungsnote. Die Verwendung von Annäherungsnoten *(approach notes)* ist eine Technik aus dem Jazz, bei der wir einen Akkordton vorwegnehmen, indem wir uns ihm von einem Halbton tiefer oder höher nähern. Diese skalenfremden Töne sorgen für den Bruchteil einer Sekunde für Spannung, die sich schnell auflöst, und sie geben einer Linie Schwung.

Beispiel 1b

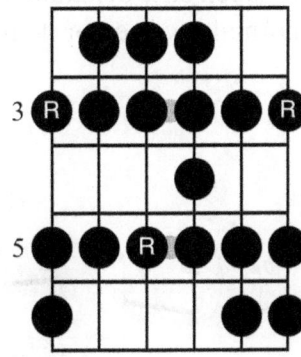

Hier ist eine längere Linie, die mit demselben bluesigen Klischee beginnt, dann geloopt wird und die Linie verlängert. Am Ende der Phrase füge ich eine bekannte Bluesbewegung hinzu, bei der der G-Dur-Akkord nach F-Dur wechselt. Dies geschieht normalerweise vor dem Wechsel zum IV-Akkord (C-Dur in einem G-Blues).

Beispiel 1c

Hier ist eine Variation der vorherigen Idee, die aus der Akkord-/Tonleiterbox der dritten Position ausbricht, um das Lick über das Griffbrett auszuweiten. In Takt drei spiele ich eine Pedalton-Idee, um den Hals aufzusteigen.

Bei Pedaltönen wird oft eine offene Saite verwendet, um eine sich wiederholende Note zu spielen, während andere gegriffene Noten gegen sie gespielt werden. Viele Rockabilly-Songs sind in gitarrenfreundlichen Tonarten mit offenen Akkorden geschrieben, daher hört man oft Gitarrenbreaks, in denen die offene hohe E-Saite verwendet wird, wie hier.

Beispiel 1d

Das nächste Beispiel kombiniert zwei gängige Rockabilly-Techniken: Double-Stops (Doppelgriffe) und Hammer-Ons/Pull-Offs. Um dieses Lick auszuführen, positioniere deine Greifhand so, als würdest du einen G-Dur-Akkord halten. Greife die G- und die B-Saite am dritten Bund mit dem Zeigefinger und halte ihn an Ort und Stelle, während dein Ringfinger die ganze Arbeit übernimmt. Spiele dieses Lick nur mit Abwärtsschlägen. Spiele nach dem Double-Stop die Triolenfigur mit Hammer-On und Pull-Off, dann hämmere auf die G-Note auf der D-Saite im fünften Bund.

Wiederhole den ersten Takt dieses Licks mehrere Male, bis er schön und geschmeidig klingt. In Takt zwei beende ich diese Linie mit einer überraschenden großen Terz (einer B-Note).

Beispiel 1e

Beispiel 1f kombiniert einige der Ideen, die wir bisher gesehen haben. Es beginnt mit einer Single-Note-Linie und geht dann in ein Double-Stop-Riff über.

Beispiel 1f

Das nächste Beispiel ist eine weitere Variation, die in der dritten Position gespielt wird und die kombinierte Dur/Moll-Pentatonik verwendet. Achte auf die schnelle Triolenphrase in Takt vier. Führe sie mit einem schnellen Hammer-On/Pull-Off aus.

Beispiel 1g

Beispiel 1h hat einen ähnlichen Vibe wie das vorige Lick, aber du wirst feststellen, dass du ein Lick variieren und anders klingen lassen kannst, indem du den Rhythmus und die Notenlänge leicht veränderst.

Beispiel 1h

Das nächste Beispiel wird über den Akkord IV (C-Dur) in einem G-Blues gespielt. Jedes der Licks, die du bereits gelernt hast, kann transponiert und im achten statt im dritten Bund gespielt werden (basierend auf der Form des C-Dur-Akkords im achten Bund). Als Alternative zur Wiederholung eines Licks können wir den C-Dur-Akkord umreißen, indem wir ein einfaches Double-Stop-Riff wie in Beispiel 1i spielen.

Beispiel 1i

Die nächsten drei Licks sind Ideen, die du beim Turnaround einer Blues-Progression spielen kannst. In einem G-Blues wird der V-Akkord (D-Dur) gespielt, bevor sich die Progression zum I-Akkord (G-Dur) auflöst.

In Beispiel 1j spielst du die schnellen Slides in Takt eins mit viel Gefühl und machst sie groß!

Beispiel 1j

Das nächste Beispiel ist eine Idee aus dem Country-Gitarrenspiel - das Spielen von Phrasen in Sexten. Wenn du eine beliebige Note in der G-Dur-Tonleiter spielst und dann fünf weitere Tonleiterschritte nach oben gehst, ist die Note, die du erreichst, ein Sextintervall von der ersten Note entfernt. Wenn wir zum Beispiel eine B-Note spielen, ist das 6. Intervall ein G:

B C D E F# **G**

Du kannst diese Idee auch umkehren und die Tonleiter *abwärts* gehen. Wenn du einmal gehört hast, wie das klingt, wirst du es sofort wiedererkennen, denn es ist ein Merkmal fast aller Country-Gitarrensolos.

Unten ist die G-Dur-Tonleiter in Sexten angeordnet. Die Töne der Tonleiter befinden sich auf der hohen E-Saite und die Sexten auf der G-Saite. (Beim Spielen in Sexten wird immer eine Saite übersprungen). Sexten können gespielt werden, indem beide Töne gleichzeitig angeschlagen werden, aber im Rockabilly ist es üblicher, die Töne zu *verschieben* (und einfacher, wenn du mit einem Plektrum spielst). Spiele das Muster durch, indem du zuerst die Note auf der G-Saite anspielst, gefolgt von der Note auf der E-Saite. Z. B. B - G, C - A usw.

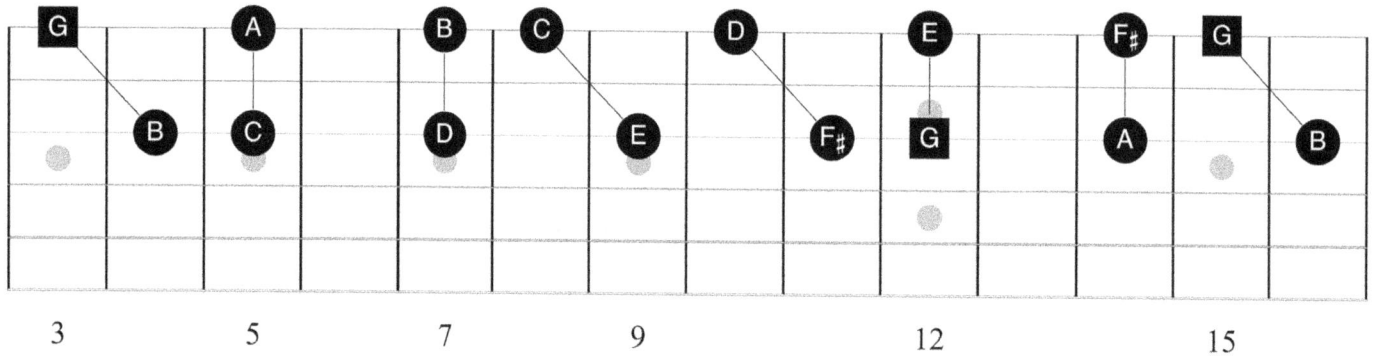

Jetzt wollen wir diese Idee in einem Lick hören. Die Sexten werden über dem D-Akkord in Takt 1-2 gespielt.

Beispiel 1k

Beispiel 1l zeigt ein verschobenes Oktavmuster, um den D-Dur-Akkord in den Takten 1-2 zu umreißen. Die Idee dabei ist, dass man eine Oktavform spielt, aber die Noten nicht gleichzeitig anschlägt (wie es im Jazz üblich ist). Stattdessen wird zuerst die untere Note gespielt, dann wird dieselbe Note eine Oktave höher einen Bruchteil später gespielt - genau wie die Sechstel im vorherigen Beispiel. Ich verwende hier auch eine chromatische Idee, indem ich auf dem D-Dur-Akkord beginne und dann einen Bund nach dem anderen aufsteige, um die Takte auszufüllen.

14

Beispiel 1l

Bisher haben wir viele Licks gespielt, die auf der dritten Position basieren, aber natürlich können wir einen G-Dur-Akkord auch an anderen Stellen des Halses spielen, und verschiedene Akkordformen eröffnen neue Ideen für das Vokabular. Die nächsten Licks werden sich um diesen G-Dur-Akkord in Position sieben drehen:

Das Beispiel 1m wird in freiem Tempo gespielt und ist hier aufgeführt, damit du diese neue Position erkunden kannst. Spiele es langsam und beachte die Noten, die ganz natürlich unter die Finger fallen.

Beispiel 1m

Das Bending von Noten ist im Rockabilly relativ selten, wird aber gelegentlich als Effekt eingesetzt. Hier ist ein Lick in der höheren Position, das mit einem Bending beginnt.

Beispiel 1n

Zum Abschluss dieses Kapitels kommt hier ein vollständiger Chorus eines Blues in G, der einige der Ideen, die wir bisher betrachtet haben, zusammenfasst. Der einzige potenziell schwierige Teil ist in den Takten 8-9, wo schnelle Arpeggien den Klang der Akkorde einfangen. Spiele das Ganze zunächst langsam durch und vergewissere dich, dass du es sauber spielen kannst, bevor du versuchst, es in einem höheren Tempo zu spielen.

Beispiel 1o

Kapitel Zwei - Rhythm Chops

Im Kern geht es bei der Rockabilly-Musik um den Rhythmus. Ein Song kann einen treibenden, geradlinigen Rock ,n' Roll-Touch haben, einen lebhaften Country-Groove oder ein synkopiertes Swing-Feeling - aber bei allen geht es um den Groove. Es ist wichtig, ein starkes rhythmisches Fundament für diese Musik zu schaffen, denn letztendlich handelt es sich um *Tanzmusik*, und das Publikum muss sich mit diesem starken Puls verbinden.

Da die Gitarre im Rockabilly sowohl das wichtigste harmonische als auch das melodische Instrument ist, ist es wichtig, dass man nicht nur Sologitarre, sondern auch einen guten Rhythmus beherrscht. In diesem Kapitel zeige ich dir die gängigsten Rockabilly-Rhythmen. Das bedeutet auch, dass ich mich mit einer der wichtigsten, aber auch schwierigsten Rhythmus-Techniken beschäftige, die man beherrschen muss, um diesen Stil zu meistern: *Travis Picking*.

Zuerst wollen wir einige gängige Rockabilly-Rhythmus-Parts lernen, die nicht auf dem Travis-Picking basieren.

Bassline-getriebener Rhythmus im Rock ,n' Roll-Stil

Als Ableger des Rock ,n' Roll weist der Rockabilly ähnliche treibende Rhythmen auf. Viele dieser Ideen, die von den frühen Pionieren des Rock ,n' Roll erdacht und entwickelt wurden, wirst du sofort wiedererkennen. Wie es sich für den Rockabilly gehört, werden sie selbstbewusst und ohne Umschweife gespielt. Da die meisten Rockabilly-Bands aus Gitarre, Bass und Schlagzeug bestehen, stelle deine Gitarre am besten auf den Steg-Pickup ein, um einen Ton zu erzielen, der sich im Mix behauptet und die mittleren Frequenzen besetzt.

So mancher Gitarrenanfänger hatte beim Erlernen seines ersten Barré-Akkords eine Offenbarung, als er entdeckte, dass er *das* Rock ,n' Roll-Riff spielen kann, indem er einfach seinen kleinen Finger zwei Bünde weiterbewegt! Dieser tuckernde Rhythmus ist nie verschwunden, weshalb ich ihn hier der Vollständigkeit halber aufführe. Beachte jedoch, dass du keinen vollen Barré-Akkord halten musst, um ihn zu spielen. Das Riff funktioniert am besten mit einem Powerchord aus Grundton und Quinte (5.) Hier wird mit einem C-Dur-Akkord gespielt.

Beispiel 2a

Ein weiterer gängiger Rockabilly-Rhythmus wird erzeugt, indem ein Standard-Barré-Akkord einen Halbtonschritt tiefer angeschlagen wird, um ein Riff zu erzeugen. Dies war ein Merkmal des Stils von Eddie Cochran. Gleite vom zweiten Bund in den C-Dur-Akkord im dritten Bund und behalte den tuckernden Rhythmus der Spielhand bei. Höre dir das Audiobeispiel an, um das Timing zu erfassen.

Beispiel 2b

Eine andere einfach zu spielende, aber effektive Methode besteht darin, einen Akkord zu halten und eine andere Bassnote zu greifen, ohne die Position zu wechseln. Hier halte ich einen offenen A-Akkord am zweiten Bund. Ich halte ihn mit dem Zeigefinger, um den Mittelfinger frei zu haben, der dann die G-Bass-Note auf der tiefen E-Saite im dritten Bund erreichen kann. Dieses Riff springt zwischen den Bassnoten A und G hin und her, um eine starke Begleitung zu erzeugen.

Beispiel 2c

Beispiel 2d zeigt, wie man diese Idee auf alle Akkorde in einem A-Dur-Blues anwendet, um einen klassischen, treibenden Rhythmuspart zu erzeugen. Dieses Mal spiele ich mit einem geraden Rhythmus, anstatt zu swingen.

Beispiel 2d

Ein alternativer Ansatz ist die Erstellung eines Walking-Bass-Riffs, das jeden Akkord in einer Progression durchbuchstabiert. Das funktioniert natürlich besonders gut bei einem Blues und ist ein Sound, den man auf unzähligen Rock ‚n' Roll-Platten hört. Dieser Rhythmuspart umreißt einen Blues in E-Dur.

Beispiel 2e

Beispiel 2f schließlich zeigt, wie du den Walking-Bassline-Ansatz mit Akkorden kombinieren kannst, um einen volleren Sound zu erzeugen (demonstriert über einem A-Dur-Akkord). Spiele abwechselnd Auf- und Abschläge mit deinem Plektrum über die E-, A- und D-Saiten und halte den swingenden Rhythmus aufrecht. Es gibt viele kleine Variationen dieser Idee, um die Dinge interessant zu gestalten, also experimentiere damit.

Beispiel 2f

Die nächsten Beispiele zeigen einige beliebte *offbeat* Rockabilly-Rhythmen. Das erste dieser Beispiele ist ein Stil, der als *Skanking* bekannt ist. Der Rhythmus neigt dazu, die Zwei und die Vier des Beats zu betonen, und du wirst diese Art von Idee wahrscheinlich schon bei Ska-Bands gehört haben.

Skank Rhythmus

In Beispiel 2g spielst du ein 1/8-Notenmuster mit gleichmäßigem Wechselschlag. Das charakteristische Merkmal dieses Stils ist, dass die Zählzeiten eins, zwei, drei und vier jedes Taktes mit einem gedämpften Abwärtsschlag gespielt werden - der Akkord erklingt überhaupt nicht (gekennzeichnet durch ein X in der Tabulatur). Dann erklingen die oberen Noten jeder Akkordform auf den Offbeats.

Wenn du **für jeden Takt „1 und 2 und 3 und 4 und"** zählst, ist das „und" der akzentuierte Akkord, der mit einem Aufwärtsschlag gespielt wird. So hört es sich an:

Beispiel 2g

Beispiel 2h ist eine weitere Form des Skankings, allerdings mit einem komplizierteren Rhythmus. Der Rhythmus springt zwischen 1/4-Noten und 1/8-Noten für einen starken Effekt. Obwohl ich hier zu Demonstrationszwecken eine ganze Progression gespielt habe, solltest du diese Art von Idee nicht ständig verwenden. Sie funktioniert gut, wenn man sie sparsam einsetzt, um den gewünschten Effekt zu erzielen.

Beispiel 2h

Offbeat Swing Rhythmus

Jetzt wenden wir uns dem Offbeat-Rhythmus zu, den du schon auf Dutzenden von Elvis' Aufnahmen gehört hast. Während einige auf Rock ‚n' Roll basierende Rhythmen sehr starr sind, ist der Swing-Rhythmus viel freier und ausdruckstärker. Auch hier geht es um die Akzentuierung von Offbeats, aber diesmal nicht auf eine festgelegte Weise. Im Swing spielt der Bassist oft ein Walking-Pattern, was dem Gitarristen mehr Freiheit gibt, zu entscheiden, was als Kontrast hervorgehoben werden soll.

Hier ist ein swingender 12-taktiger Blues-Rhythmus-Part in G-Dur. Die Akzente werden hauptsächlich auf den Offbeats gespielt, mit einigen kleinen Variationen.

Beispiel 2i

Beispiel 2j ist ein Rhythmuspart mit weiteren Variationsideen. Er zeigt, wie du Licks entwickeln kannst, indem du Akkordvoicings aufpeppst, in Akkorde slidest und die Akzente variierst.

Beispiel 2j

Travis Picking

Obwohl es höchst unwahrscheinlich ist, dass er diesen Stil des Rhythmus-Spiels erfunden hat, war Merle Travis der Pionier dieses Picking-Stils, der für die Country- und Rockabilly-Musik von entscheidender Bedeutung ist. Travis wurde 1917 geboren und übernahm den Stil, der damals in seinem Heimatstaat Kentucky populär war. Wie im Folk üblich, werden Songs und traditionelle Techniken von Generation zu Generation weitergegeben, und frühere bemerkenswerte Vertreter waren der fahrende Bergmann/Musiker Arnold Schultz und Kennedy Jones, der eines der berühmtesten Musikstücke in diesem Stil schrieb: *Cannonball Rag*.

Die Essenz des Travis-Pickings ist das alternierende Bassnoten- und Akkordmuster. Die Bassnoten werden auf den Zählzeiten eins und drei eines jeden Taktes akzentuiert, und dazwischen werden Akkorde oder melodische Fills gespielt. Wenn Tommy Emmanuel diesen Stil unterrichtet, nennt er ihn treffend den *„Boom Chick"*-Ansatz.

Wenn du Tommy oder Chet Atkins spielen hörst, wirst du feststellen, dass ihr Travis-Picking im Vergleich zum Rockabilly eher zurückhaltend ist. Der Rockabilly hat die Idee aufgegriffen und sie auf 10 erhöht! In dieser Musik wird es mit dem charakteristischen schneidenden Sound und viel Attitude und Attack gespielt.

Die Beherrschung des Stils

Die größte Herausforderung bei diesem Stil ist es, Daumen und Finger unabhängig voneinander arbeiten zu lassen. Ich werde an dieser Stelle etwas eigenwillig sein und sagen, dass ich einen hybriden Ansatz für das Travis-Picking verwende - eine Kombination aus Plektrum und Fingern, die eine Abweichung vom ursprünglichen Ansatz darstellt. Hier ist ein kurzer Vergleich zwischen der traditionellen Art des Travis-Pickings und der Art, wie ich und andere Rockabilly-Spieler es machen. Du kannst entscheiden, welche Methode für dich am besten funktioniert:

Traditioneller Stil: Beim traditionellen Travis-Picking spielt der Daumen die tiefen E-, A-, D- und G-Saiten, während Zeige- und Mittelfinger die B- bzw. die hohe E-Saite bedienen. (Tatsächlich benutzte Merle Travis nur seinen Daumen und Zeigefinger in einem *Pinching*-Stil).

Hybrider Stil: Ich nehme das Plektrum zwischen Daumen und Zeigefinger, und das Plektrum spielt die tiefen E-, A- und D-Saiten. So bleiben Mittel- und Ringfinger übrig, um melodische Linien zu spielen und die hohen Töne der Akkorde auf der G-, B- und hohen E-Saite zu zupfen. Der Ringfinger springt je nach Bedarf zwischen der B- und der hohen E- Saite hin und her.

Der hybride Stil ist unter Rockabilly-Spielern vielleicht am weitesten verbreitet, weil das Plektrum mehr Volumen und einen härteren Anschlag erzeugt. Das hilft, den richtigen Ton zu treffen, aber wenn diese Methode für dich neu ist, ist es in Ordnung, im traditionellen Stil zu spielen. Die Stücke in diesem Kapitel können auf beide Arten gespielt werden. Hier sind einige Richtlinien, die dir den Einstieg erleichtern sollen (für diese Übungen gibt es kein Audio).

Schritt 1: Trainiere zunächst deinen Daumen, um alternierende Basslinienmuster zu spielen. Versuche Übung 1 mit dem unten stehenden offenen E-Akkord. Benutze *nur* den Daumen, um die Noten zu spielen (oder das Plektrum, wenn du Hybrid-Picking verwendest). Spiele die Noten, die auf die Zählzeiten eins und drei fallen, *lauter* als die Zählzeiten zwei und vier.

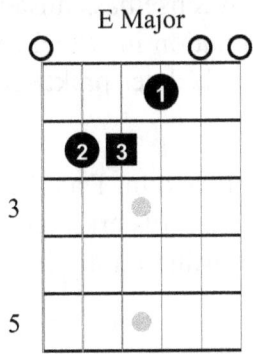

E Major

Übung **1**

Meistens sollte die die Basslinie leicht gedämpft klingen, während die Akkorde oder melodischen Linien ausklingen, daher müssen wir mit Palm Muting (Dämpfung mit dem Handballen) arbeiten. Lege den Ballen deiner Spielhand sanft auf den Steg der Gitarre, so dass er gerade noch die Saiten berührt. Du solltest in der Lage sein, das Picking-Muster zu spielen und gleichzeitig die Saiten zu dämpfen. Versuche Übung 2, die einen neuen Akkord einführt und halte die Saiten durchgehend gedämpft.

Übung **2**

Schritt 2: Als Nächstes nimmst du die weiteren Finger mit dazu. Wenn du ein grundsolides Wechselbassmuster spielen kannst, ist es an der Zeit, einige höhere Noten hinzuzufügen. Wenn deine Koordination ins Stocken gerät, denke daran, dass du immer zuerst an der Bassstimme arbeiten musst. Übe so lange, bis du es praktisch unbewusst tun kannst!

Nun ist es an der Zeit, die Unabhängigkeit von Daumen und den übrigen Fingern zu entwickeln. Das Ziel ist, die Basslinie mit Palm Muting weiterlaufen zu lassen, während die oberen Noten des Akkords erklingen. Spiele Übung 3 und passe deine Technik an, bis du die hohen Töne klingen lassen kannst, während der Bass darunter begleitet.

Übung **3**

Dies war ein Crash-Kurs in Travis Picking! Wir haben leider keinen Platzt, ihm hier vollständig gerecht zu werden, aber du verstehst jetzt das Grundprinzip - alles andere ist Ausschmückung. Eine umfassende Anleitung findest du in Levi Clays ausgezeichnetem Buch *Die Country-Fingerstyle Gitarrenmethode,* das dieses Thema ausführlich behandelt und dir helfen wird, deine Technik zu perfektionieren.

Nun zu den Licks...

Hier ist ein relativ einfaches Beispiel für den Anfang, das auf einem offenen C-Dur-Akkord basiert. Der Bass wechselt zwischen C- und G-Noten. In der höheren Lage betone ich eine D-Note auf der B-Saite, dritter Bund. Dadurch wird aus dem offenen C-Dur-Grundakkord ein Cadd9. Höre dir das Audiobeispiel an, um das richtige Gefühl zu bekommen.

Beispiel 2k

Beispiel 2l ist etwas komplizierter und erfordert, dass du mehr Noten in der hohen Lage spielst. Es basiert auf einem C-Dur-Akkord, der in der achten Position gespielt wird. Wenn du Fingerstyle spielst, übernimmt der Daumen die tiefen Saiten E, A, D und G, während Zeige- und Mittelfinger für die Saiten B und E zuständig sind.

Wenn du wie ich einen Hybrid-Stil spielst, deckt das Plektrum in diesem Beispiel die E-, A- und D-Saite ab, und der Mittelfinger kümmert sich um die G-Saite. Der Ringfinger hat die Aufgabe, bei Bedarf zwischen der B- und der hohen E-Saite hin und her zu springen. Um Beispiel 2l zu spielen, greife ich auch mit meinem Daumen über den Hals, um die tiefe C-Bassnote zu spielen.

Beispiel 2l

Hier ist ein ähnliches Lick wie das vorherige, aber mit anderen Verzierungen auf den hohen Saiten.

Beispiel 2m

Nun kommt ein anspruchsvolleres Stück, an dem du dir beim Üben die Zähne ausbeißen kannst. Wenn es anfangs etwas einschüchternd aussieht/klingt, ist der Schlüssel, die Dinge zu verlangsamen und an kleinen Abschnitten zu arbeiten, bis du die Mechanik der Zupfhand im Muskelgedächtnis verankert hast. Sobald du die Akkordgriffe und die Zupftechnik verinnerlicht hast, spiele zu einem langsamen bis mittelschnellen Metronom und beschleunige nicht, bis du das Stück sauber spielen kannst.

Beispiel 2n

Hier ist eine vollständige Blues-Progression in C-Dur. Dieses Beispiel zeigt, wie du das Travis-Picking mit Banjo-Rolls (in den Takten 6, 9 und 10) kombinieren kannst. Vielleicht findest du die Banjo-Rolls noch etwas verwirrend, aber wir werden sie in Kapitel vier ausführlich behandeln! Auch hier solltest du das Tempo drosseln und zunächst an kleineren Abschnitten arbeiten, bevor du die ganze Übung versuchst.

Beispiel 2o

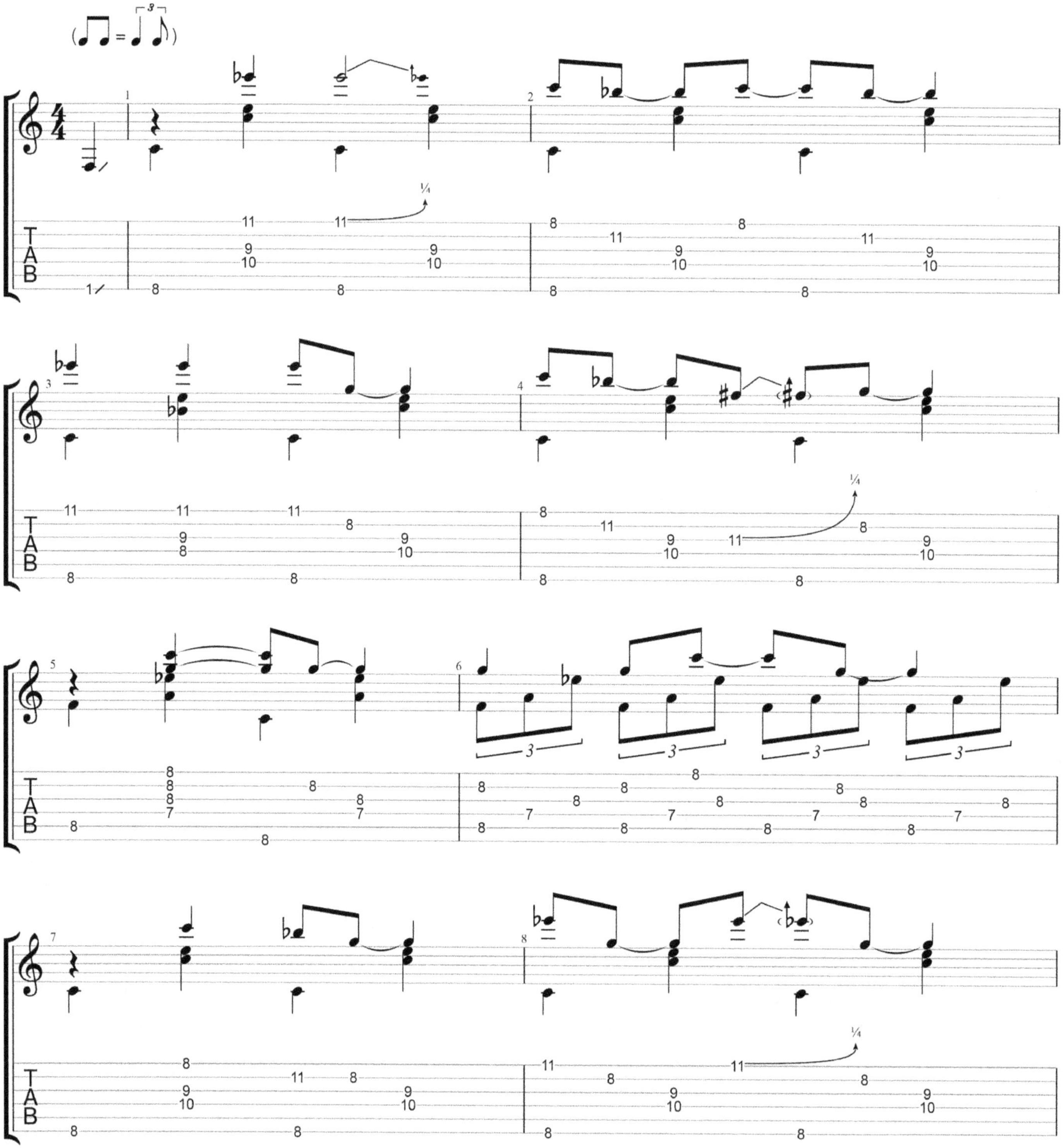

Hier ist ein weiterer Blues in C mit etwas anderen Verzierungen.

Beispiel 2p

Das nächste Beispiel wechselt in die Tonart E-Dur und demonstriert eine schöne Art, einen offenen E7-Akkord zu verzieren.

Beispiel 2q

Wenn das vorherige Beispiel die ersten Takte eines Blues in E-Dur darstellte, könnte ich folgendermaßen über den IV-Akkord (A7) spielen.

Beispiel 2r

Und so könnte ich den V-Akkord (B7) und den Übergang zurück zum E7 angehen.

Beispiel 2s

Im nächsten Beispiel kehren wir zur Tonart C-Dur zurück, um ein Beispiel zu geben, wie du eine sanftere Travis-Picking-Begleitung für einen Sänger spielen kannst. Es wird mit weniger Attack gespielt, aber es gibt immer noch genug Bewegung, um eine vollständige Begleitung zu bieten.

Beispiel 2t

Schließlich wäre keine Untersuchung des Travis-Pickings vollständig ohne einen Hinweis auf einen seiner Begründer, Kennedy Jones. Hier ist ein Übungsstück im Stil des *Cannonball Rag*. Achte auf den Pull-Off-Lauf hinunter zur G-Bassnote am Ende.

Beispiel 2u

Wir haben uns nun mit den wesentlichen Rhythmen des Rockabilly beschäftigt. Es wird einige Zeit dauern, bis du dein Travis-Picking perfektioniert hast, bleiben also hartnäckig am Ball. Eine Zeit lang mag es sich so anfühlen, als bräuchtest du zwei Gehirne, aber irgendwann wird es bei dir einfach klick machen! Im nächsten Kapitel werden wir uns eine Sammlung von Licks ansehen, die vom Stil einiger Rockabilly-Größen inspiriert sind.

Kapitel Drei – Rockabilly Helden

Es war wichtig, die Ideen für Rhythmusgitarre anzusprechen, die wir im vorigen Kapitel behandelt haben, denn der Rhythmus ist ein wichtiger Bestandteil des Rockabilly-Stils, aber von nun an geht es nur noch um Licks!

Zu Beginn dieses Buches habe ich einige der großen Rockabilly-Gitarristen erwähnt, die mich im Laufe der Jahre inspiriert haben. In diesem Kapitel lernst du eine Sammlung von Licks, die an den Stil dieser Größen und einiger anderer bemerkenswerter Spieler angelehnt sind. Es hätten noch so viele andere große Namen hier aufgenommen werden können, aber es gibt nur begrenzt Platz, so dass es notwendig war, eine Auswahl zu treffen.

Eddie Cochran

Wir beginnen mit einigen Licks von Eddie Cochran. Beispiel 3a fängt die harte, aggressive Seite von Eddies Spiel ein. Warum etwas Kompliziertes spielen, wenn man die Aufmerksamkeit des Publikums mit einem dramatischen, auf einem Riff basierenden Solo bekommen kann? Schau dir dieses Beispiel an und hau rein!

Beispiel 3a

Trotz seiner Aggressivität war Eddie ein feiner Gitarrist, der klare Linien spielen konnte, wenn die Musik es verlangte. Hier ist ein Double-Stop-Lick mit einem sich wiederholenden Motiv, das über einem A-Akkord gespielt wird.

Beispiel 3b

Das nächste Lick setzt diese Idee über einem D7-Akkord fort.

Beispiel 3c

Hier ist ein anderes A-Dur-Akkord-Riff. Wenn man mehrere Takte mit nur einem Akkord hat, durchbrechen Doppelgriffe wie diese die Monotonie.

Beispiel 3d

Zum Schluss folgt ein kompletter 12-Takter im Eddie-Stil. Er beginnt auf die gleiche Weise wie Beispiel 3a, geht dann aber in eine andere Richtung. Spiele dieses Beispiel mit gleichmäßigen 1/8-Noten durch.

Beispiel 3e

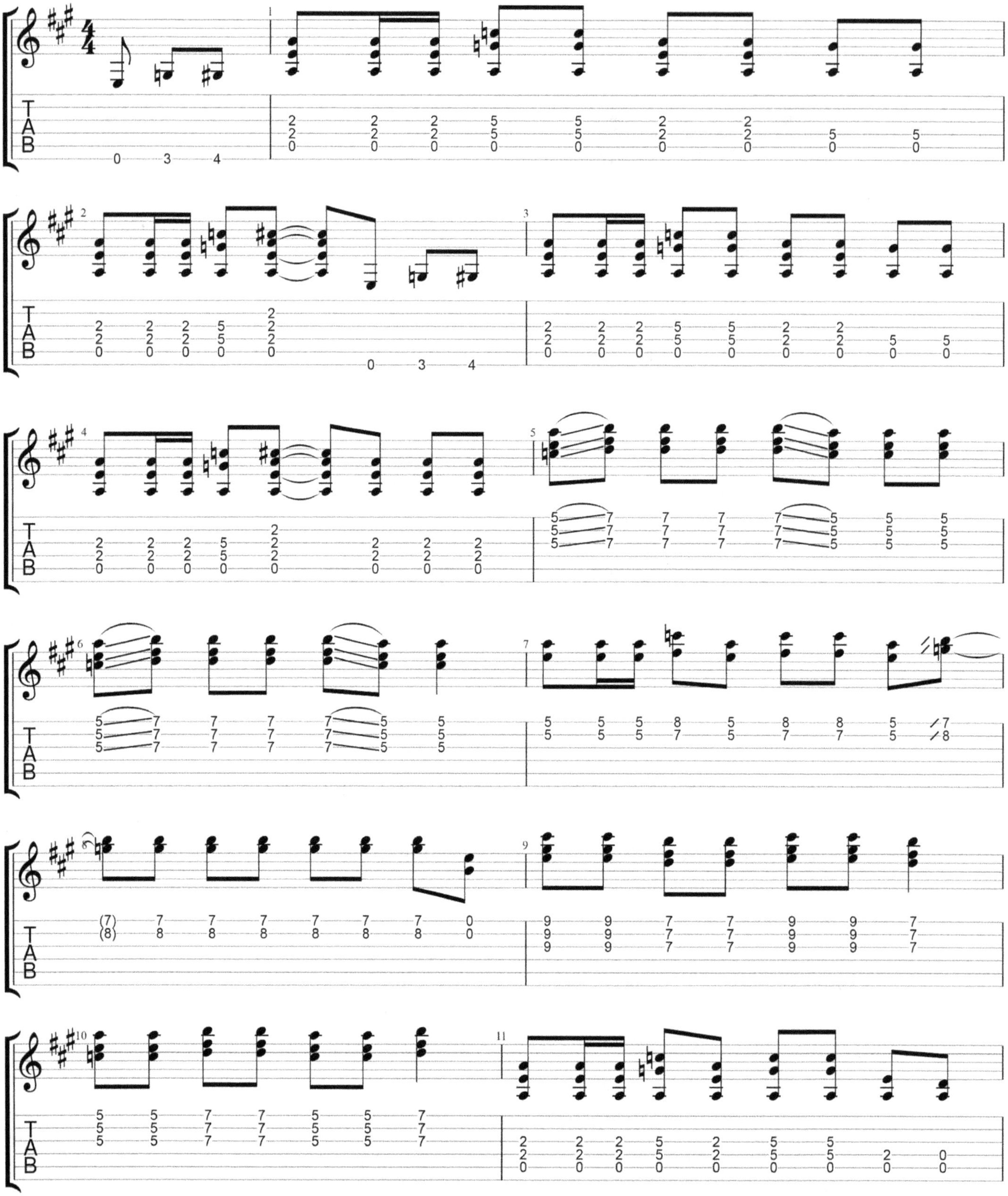

Scotty Moore

Scotty benutzte für die meisten seiner Elvis-Aufnahmen eine große Gibson L5 und erfand viele Licks, die heute zum Standard-Rockabilly-Vokabular gehören. Seine Ideen hatten immer ein starkes rhythmisches Element. Scotty war ein vielseitiger Spieler, aber hier konzentrieren wir uns auf einige seiner Double-Stop-Ideen. Beachte bei diesem ersten Lick, wie effektiv es sein kann, von einem Halbtonschritt unterhalb in Double-Stops zu sliden.

Beispiel 3f

Hier ist ein schwungvolles Double-Stop-Lick, das gut zu einem Shuffle-Groove passt.

Beispiel 3g

Schließlich enthält dieses Double-Stop-Lick einen Bend, der über einen D-Dur-Akkord gespielt wird.

Beispiel 3h

Cliff Gallup

Cliff Gallup hatte mehr Jazz- und Country-Einflüsse in seinem Spiel als andere der hier erwähnten Gitarristen und spielte neben dem Standardvokabular des Rock ‚n' Roll auch einige wohlüberlegte Linien. Hier ist ein Beispiel für die Art von Dingen, die er hatte spielen können.

Cliffs melodische Linien hatten immer ein großartiges Gefühl für Timing und Swing. Hier ist ein schönes Lick, das man über einen A-Dur-Akkord spielen kann.

Beispiel 3j

Hier ist ein typisches Cliff-Lick, bei dem die hybride Dur/Moll-Pentatonik in Position drei über einem G7-Akkord gespielt wird. Die Linie bewegt sich um die Akkordtöne herum und enthält einige chromatische Durchgangsnoten.

Beispiel 3k

Hier ist ein Lick, das du über den Übergang vom IV-Akkord (in diesem Fall C-Dur) zum I-Akkord (G-Dur) in einem Blues spielen kannst. Bei diesem Lick geht es vor allem um den Rhythmus, spiele es also mit viel Schwung.

Beispiel 3l

Hier ist ein weiteres schwungvolles G-Dur Lick, diesmal um die siebte Position herum.

Beispiel 3m

Beispiel 3m hat eine einfache, sich wiederholende Phrase und wird über einem G-Dur-Akkord gespielt.

Beispiel 3n

Das letzte Cliff-Beispiel wird über den Übergang vom V-Akkord (D7) zum I-Akkord (G-Dur) in einem G-Blues gespielt. Die Hauptidee in den Takten 1-2 ist, dass die Noten auf der B-Saite chromatisch von einer D-Note (B-Saite, 15. Bund) absteigen, wie bei einem Pedalton.

Beispiel 3o

Joe Maphis

Joe Maphis' Aufnahmekarriere begann, als er von Merle Travis „entdeckt" wurde. In den 1950er Jahren wirkte er bei zahlreichen Rockabilly-Sessions mit, spielte aber vor allem bei Sessions von Ricky Nelson die Hauptrolle, bevor James Burton Rickys ständiger Gitarrist wurde. Außerdem trat er regelmäßig in der Fernsehshow *Town Hall Party* auf, wo er oft eine Vielzahl von Instrumenten spielte, darunter Fiddle, Kontrabass und Banjo.

Joe war ein äußerst begabter Gitarrist, der auch ein Gespür für das Dramatische hatte. Beispiel 3o ist die Art von „Effekt"-Lick, die er oft spielte.

Beispiel 3p

Joe hatte eine erstaunliche Technik, so dass er schnelle, flüssige Lines mit Leichtigkeit spielen konnte. Hier ist ein Lick im Joe-Stil über einen C-Dur-Akkord.

Beispiel 3q

Beispiel 3q ist ein einfaches Lick, das die Country-Note in Joes Spiel hervorhebt.

Beispiel 3r

Beispiel 3r ist eine ähnliche Idee, zeigt aber, wie eine solche Linie mit einigen Variationen umgestaltet werden kann.

Beispiel 3s

Die letzte Idee wird über einem E-Dur-Akkord gespielt und unterstreicht Joes Vorliebe für Hammer-Ons/Pull-Offs im Country-Stil.

Beispiel 3t

Grady Martin

Wie bereits in der Einleitung erwähnt, war Grady Martin Gitarrist des Nashville A-Teams - der Elite seiner Zeit, die alle von Elvis Presley und Patsy Cline bis hin zu Jim Reeves und Bob Dylan begleiteten. Als solcher war er ein sehr vielseitiger Spieler, der eine Vielzahl von Stilen spielen konnte. Außerdem entwickelte er die Disziplin eines Studiomusikers, der in der Lage war, auf Anhieb gut durchdachte Gitarrenparts zu beizusteuern.

Zunächst haben wir hier eine hübsche Idee mit Doppelgriffen und einem sich wiederholenden Rhythmus, die über einem E-Dur-Akkord gespielt werden kann.

Beispiel 3u

Hier ist ein kurzes Lick, das über einen D-Dur-Akkord gespielt wird. Die Idee dabei ist, die Note auf der G-Saite im zehnten Bund um einen Halbtonschritt zu benden und gleichzeitig die B-Saite im siebten Bund zu greifen. Dieser Bend bedeutet, dass beide Noten ein D werden, aber einen anderen Ton haben, was einen angenehmen „phasenverschobenen" Klang erzeugt.

Beispiel 3v

Hier ist ein typisches Beispiel dafür, wie Grady ein Song-Intro aufbauen könnte. Es beginnt mit einem a-Moll-Akkord und geht dann in ein einprägsames Lick über, das mit einer Variation wiederholt wird. Diese Art von Lick ist ideal für den Anfang oder das Ende eines Songs.

Beispiel 3w

Albert Lee

Die Erwähnung des Namens Albert Lee mag einige überraschen, aber er ist seit Jahren ein großer Vertreter des Country-Rock, und viele seiner Licks und Ideen wurden „umfunktioniert" und fanden ihren Weg in den allgemeinen Rockabilly-Wortschatz. Hier sind also einige nette Double-Stop-Ideen im Albert-Stil, die ihr in eure Soli einbauen könnt.

Hier ist zunächst eine Möglichkeit, eine C-Blues-Progression mit Doppelgriffen zu spielen. Im Audiobeispiel spiele ich das in einer leicht zu bewältigenden Geschwindigkeit, aber Albert könnte so etwas mindestens doppelt so schnell spielen!

Beispiel 3x

Das nächste Beispiel ist ein treibendes Lick über einem A-Dur-Akkord. Die Doppelstopps sind Fragmente des A-Akkords, der den Hals abwärts läuft.

Beispiel 3y

Hier ist eine Fortsetzung dieser Idee, aber dieses Mal habe ich einen Schlussakkord hinzugefügt. Licks wie dieses sind ein nützlicher Weg, um ein Solo oder einen Song zu beenden.

Beispiel 3z

Über einem D-Dur-Akkord gespielt, hat dieses Lick einen starken Country-Charakter und ist die Art von Lick, die man als Intro einer Ballade oder eines langsameren Stücks spielen kann.

Beispiel 3z1

Brian Setzer

Auf einer Liste bahnbrechender Rockabilly-Gitarristen darf der Name Brian Setzer nicht fehlen. Während sich viele Gitarristen bemühten, den authentischen Sound und Stil des klassischen Rockabilly vergangener Jahre nachzubilden, widersetzte sich Setzer glorreich diesem Streben. Er liebte diese Musik natürlich, verlieh ihr aber seine eigene, einzigartige Note, indem er ihr ein amerikanisches Rockgefühl verlieh. Sein Stil ist so einzigartig, dass er mich ermutigt hat, meinen eigenen zu finden und ich bin ihm sehr dankbar für seinen Einfluss. Er ist bekannt für seine Fähigkeit, schrillere, dynamische Licks zu spielen. Hier sind nun ein paar Ideen à la Setzer für dich.

Zunächst eine Loop-Idee über einen G-Dur-Akkord mit einem 1/4-Bend, auch bekannt als Blues-*Curl*. Du versuchst nicht, mit dem Bend eine andere Note zu spielen, sondern drückst sie nur ganz leicht nach oben.

Beispiel 3z2

Die folgende Idee funktioniert über einem D-Dur-Akkord. Ein Merkmal von Setzers Stil ist es, nicht nur Noten zu benden, sondern auch Doppelgriffe zu benden. Der Double-Stop am Ende von Takt eins wird mit einem weiteren Blues Curl leicht verstimmt.

Beispiel 3z3

Hier ist ein weiteres Lick, das auf dem G-Dur-Akkord in Position drei basiert. Auf den einleitenden Double-Stop folgt ein bluesiges Lick mit mehr Curls.

Beispiel 3z4

Dieses Beispiel in A-Dur beginnt mit einem Auftakt, der mit einem schnellen Rake von der G- zur hohen E-Saite gespielt wird. Spiele den Rake mit einem einzigen kontinuierlichen Abwärtsschlag und „drücke ihn durch" die Saiten.

Beispiel 3z5

Jetzt wollen wir die jazzige Seite von Brians Spiel erkunden. Über einem G-Dur-Akkord gespielt, könnte dieses Lick von Charlie Christian, dem Pionier der elektrischen Jazzgitarre, gespielt worden sein.

Beispiel 3z6

Das nächste Beispiel enthält eine sich wiederholende Idee in den Takten 3-4, die die große Terz des zugrunde liegenden G-Dur-Akkords betont.

Beispiel 3z7

Zum Schluss folgt eine aggressivere Idee, die mit einem Riff beginnt, das in ein Lick übergeht. Der Riff-Abschnitt suggeriert einen zugrunde liegenden C-Moll-Akkord, aber dann wechselt das Lick nach C-Dur. Das ist der klassische Blues-Moll/Dur-Wechsel, der von so vielen Blues-/Rock-Größen verwendet wird.

Beispiel 3z8

In diesem Kapitel haben wir uns mit den Stilen der Rockabilly-Spieler beschäftigt, die mich am meisten beeinflusst haben. Hoffentlich kannst du erkennen, dass dieser Schmelztiegel von Stilen eine Fülle von Ideen enthält, die es zu erforschen gilt. Wenn du deine Fähigkeiten entwickelst, ist es wirklich wichtig, die Ideen, die dir gefallen, zu übernehmen und sie in andere Tonarten zu übertragen. Auf diese Weise kannst du sie in dein Spiel einbeziehen, so dass sie zu einem festen Bestandteil deines musikalischen Vokabulars werden. Höre außerdem so viel wie möglich. Vergiss nicht die Spotify-Playlist, die diesem Buch beiliegt und die du nutzen kannst, um die Musik der einzelnen vorgestellten Künstler zu erkunden.

Im nächsten Kapitel schalten wir einen Gang höher und konzentrieren uns auf einige der kniffligeren Licks, die diesem Stil zu eigen sind.

Kapitel Vier - Fortgeschrittene Techniken

Ein Merkmal des Rockabilly-Gitarrenspiels, das seine starken Country-Wurzeln widerspiegelt, ist die Verwendung von Hammer-On/Pull-Off-Licks und der klassische „Banjo Roll". In diesem Kapitel lernst du einige Licks für jede dieser Techniken, und zum Abschluss spielen wir Licks, die beide Techniken kombinieren.

Hammer-Ons und Pull-Offs

Zunächst einmal ein bekanntes Pull-Off-Lick, das auf einem offenen E-Akkord basiert. Es ist ein Klassiker, also ist es gut, es im Repertoire zu haben. Es klingt auch deshalb so gut, weil die offenen Saiten weiterklingen, wenn du die Position wechselst.

Dies ist ein gutes Lick, um deine Pull-Off-Technik zu verfeinern. Es ist leicht, bei Pull-Offs nachlässig zu sein und sie nicht sauber auszuführen. Im ersten Takt greifst du die erste Note der Triole (G auf der hohen E-Saite, dritter Bund) mit dem Mittelfinger und spielst sie nach unten an. Dann hämmerst du schnell mit dem Zeigefinger auf den zweiten Bund, um die zweite Note zu spielen. Ziehe dann den Zeigefinger ab (von der Saite weg, nach unten zum Boden), um die leere Saite zum Klingen zu bringen. Es wird nur die erste Note der Triole angespielt, aber wenn du die Technik befolgst, solltest du einen schönen gleichmäßigen Klang erhalten, bei dem jede Note gleich laut ist.

Beispiel 4a

Hier ist ein etwas schwierigeres Lick, das auf einem G-Akkord in Position drei basiert. Es verwendet die Noten der kombinierten Dur-/Moll-Pentatonikform. Du musst deinen kleinen Finger benutzen, um den Hammer-On auf der hohen E-Saite im sechsten Bund auszuführen, während dein Zeigefinger die G-Note im dritten Bund spielt. Das ist ein gutes Lick, um den kleinen Finger zu stärken!

Beispiel 4b

Beispiel 4c verwendet die gleiche Skala wie das vorherige Beispiel und passt gut über den G7-Akkord am Anfang eines G-Blues (obwohl dieses Lick über jeden Akkord in einem G-Blues passt). Dieses Mal handelt es sich um ein sequenziertes Lick, das in einem zweitaktigen Muster geloopt wird. In Takt vier beende ich das Lick, indem ich die obersten Noten eines G-Akkords spiele, aber du könntest es so lange loopen, wie du willst, indem du die Takte 1-2 wiederholst.

Beispiel 4c

Das abschließende Hammer-On/Pull-Off-Lick ist eine weitere Sequenzierungsidee. Gespielt über einen E-Dur-Akkord, ist dies ein aufmerksamkeitserregendes Lick, weil es sehr weite Intervalle auf den offenen hohen E- und B-Saiten verwendet. Auch hier solltest du dich darauf konzentrieren, dass alles sauber und gleichmäßig klingt.

Beispiel 4d

Banjo-Roll-Technik

Nun kommen wir zu einer weiteren klassischen Rockabilly-Technik. Wie der Name schon sagt, wurde der Banjo-Roll der klassischen Banjotechnik entlehnt und auf die Gitarre übertragen. Ein Banjo-Roll ist ein Arpeggio, das als Triole gespielt wird, wobei eine Hybrid-Picking-Technik verwendet wird.

Bei Rockabilly-Banjo-Rolls wird in der Regel über jeden Schlag eines 4/4-Takts eine Triole gespielt (Zähle 123, 123, 123, 123). Manchmal hört man Gitarristen wie Tommy Emmanuel, die Doubletime-Rolls spielen (Sextolen statt Triolen - sechs Noten für jeden Schlag in einem 4/4-Takt), aber hier geht es nur um die triolische Variante!

Übung 1 basiert auf einem offenen E-Dur-Akkord und hilft dir, dich mit der Technik vertraut zu machen, falls sie neu für dich ist. Es dreht sich alles um die Zupfhand und es gibt zwei Möglichkeiten, die Technik auszuführen.

Methode 1: Wenn du Erfahrung mit traditionellem Fingerpicking hast, fühlt sich diese Methode für dich vielleicht am natürlichsten an. Zupfe die Note auf der G-Saite, erster Bund, mit dem Daumen an, dann mit dem Zeigefinger die offene B-Saite und mit dem Mittelfinger die offene hohe E-Saite.

Methode 2: Alternativ kannst du es wie ich spielen. Ich verwende eine Hybridmethode aus Plektrum und Fingern. Ich nehme das Plektrum zwischen Daumen und Zeigefinger und spiele die ersten beiden Noten des Rolls mit dem Plektrum nach unten an, und spiele dann die dritte Note mit dem Mittelfinger.

Je nachdem, welcher Ansatz am besten zu dir passt, üben den Roll anfangs langsam, um das Picking-Muster im Muskelgedächtnis zu verankern. Ziel ist es, alle Töne gleich laut klingen zu lassen. Ein häufiger Fehler bei dieser Technik besteht darin, nach dem Anschlagen der ersten Note mit dem Daumen oder dem Plektrum eine kurze Verzögerung einzuführen, bevor die nächste Note erklingt. Selbst eine minimale Verzögerung kann zu ungleichmäßigen Notenabständen führen, was den Rhythmus stört. Spiele mit einem Metronom und zähle laut „123, 123", während du spielst, um jede Verzögerung auszugleichen.

Übung 1 (ohne Audio)

Die meisten Beispiele hier sind als *Forward Rolls* bekannt, was einfach bedeutet, dass sie mit dem Daumen beginnend nach unten gespielt werden. Hier ist das erste Beispiel. Im Audiobeispiel hörst du, wie ich langsam anfange und dann schneller werde, damit du besser hören kannst, was ich mache. Dieses Lick basiert auf einem F9-Akkord in der achten Position. Halte diese Akkordform die ganze Zeit über.

Dieses Lick enthält auch einen Saitensprung. Die letzte Note jeder Triole wechselt zwischen Noten auf der G- und der B-Saite. Es ist ein gutes Lick, um zu testen, wie solide deine Technik ist. Die Herausforderung besteht darin, es sauber zu spielen und die Notenabstände gleichmäßig klingen zu lassen.

Beispiel 4e

Hier ist ein Lick im Banjo-Roll-Stil, das du über einen G7-Akkord spielen kannst. Es erfordert ein wenig Dehnung für die Greifhand, klingt aber sehr effektiv. Um es zu spielen, lege den Zeigefinger der Greifhand am dritten Bund über die hohe E- und B-Saite und halte sie an Ort und Stelle, um sie zu verankern. Die Noten auf der G-Saite werden mit dem kleinen Finger gespielt.

Beispiel 4f

Ideen wie Beispiel 4f sind beweglich. Hier ist eine ähnliche Idee, die um einen Ganzton nach oben verschoben ist und auf einem A-Dur-Akkord basiert. Dieses Beispiel zeigt, wie ich diese Idee als Teil eines Licks über die ersten vier Takte eines Blues in A-Dur einbauen würde.

Beispiel 4g

Im nächsten Beispiel wird ein *Reverse Roll* anstelle eines *Forward Roll* verwendet. Das bedeutet einfach, dass du in die *entgegengesetzte* Richtung zu den bisher gespielten Licks zupfst - von den hohen Saiten zu den tiefen.

Dieses Lick enthält auch einen netten kleinen Trick, den du bei einem G-Blues anwenden kannst. Wenn es über den IV-Akkord (C7) geht, kannst du diese bewegliche verminderte Septakkordform verwenden, um die Sache aufzupeppen.

Dies ist eine Art von Idee, die in Brian Setzers Spiel auftaucht. Es ist üblich, einen verminderten Septakkord als Ersatz für einen Dominantseptakkord zu verwenden. Wie die meisten Akkordsubstitutionsideen funktioniert dies auf der Basis gemeinsamer Noten.

Der obige E°-Akkord verwendet die Noten: E, G, Bb, C#

Der C7-Akkord besteht aus den Noten C, E, G, Bb

Sie haben drei Noten gemeinsam. Der E°-Akkord enthält die 3. (E), 5. (G) und 7. (Bb) Intervalle von C7, so dass er den C7-Klang gut wiedergibt.

Diese kleinen verminderten Formen sind zudem beweglich, d.h. du kannst sie in kleinen Terzintervallen (im Abstand von drei Bünden) über den Hals verschieben. Wenn du die Form verschiebst, ist der „neue" Akkord nur eine *Umkehrung* des ursprünglichen Akkords (er hat genau dieselben Noten, nur in einer anderen Reihenfolge). Beispiel 4h bewegt sich von Edim7 zu Gdim7 zu Bbdim7 zu C#dim7, aber es sind alles Umkehrungen desselben Akkords und bilden alle den C7-Klang ab.

Beispiel 4h

Hier ist ein Banjo-Roll-Lick mit einem etwas anderen Geschmack für dich, gespielt über einen a-Moll-Akkord. Es ist keine offensichtliche Banjo-Roll-Idee, aber ich habe es mit dieser Technik gespielt. Die Banjo-Roll-Picking-Technik eignet sich hervorragend, um Licks auszuführen, die zwischen den Saiten hin- und herspringen.

Beispiel 4i

Zum Abschluss dieses Abschnitts folgt ein kompletter Banjo-Roll-Blues in E-Dur. Er kombiniert ein paar der Ideen, die wir bisher gesehen haben, und rollt durch die gesamte Progression. Er erinnert an ein Solo, das Eddie Cochran gespielt hat, aber es war ein Studio-Outtake, also kann man sich keine Aufnahme davon anhören. Ich schlage dir vor, das Tempo zu drosseln und dich zunächst mit den Bewegungen der Greifhand vertraut zu machen. Dann konzentriere dich darauf, dass deine Zupfhand gleichmäßig und geschmeidig rollt. Wenn man es in vollem Tempo spielt, ist der Effekt beeindruckend.

Beispiel 4j - Banjo Roll Blues

Kombinierte Techniken

Zum Abschluss dieses Kapitels habe ich einige Licks zusammengestellt, die die besprochenen Techniken kombinieren und Single-Note-Phrasen mit Hammer-Ons/Pull-Offs und Banjo-Rolls verbinden.

Hier ist zunächst eine längere Linie in der Tonart E-Dur, die mit einer einfachen pentatonischen Phrase beginnt, bevor sie in den Takten 3-4 in einen Banjo-Roll übergeht. In den Takten 5-6 findest du eine Hammer-On/Pull-Off-Idee ähnlich wie in Beispiel 4a. Der Unterschied besteht darin, dass die Noten auf der hohen E- und B-Saite gleichzeitig gespielt werden - es handelt sich also um eine Art Double-Stop-Pull-Off!

Im allerletzten Takt solltest du unbedingt deinen Whammy-Bar (Tremolo-Hebel) verwenden, wenn du einen hast! Schlage die tiefe E-Saite an, drücke dann den Whammy-Bar herunter und steuere ihn so, dass er sanft auf die Tonhöhe zurückkommt.

Beispiel 4k

Beispiel 4l ist eine vollständige 12-taktige Blues-Progression in G-Dur. Die Takte 13-14 sind hier ein Schluss, den ich angehängt habe. Die Takte 3-4 enthalten die Art von Pull-Off-Lick, die wir bereits gesehen haben, und die Takte 5-6 umreißen die Akkorde mit Doppelgriffen.

Das Lick in den Takten 7-8 wird mit der Banjo-Roll-Technik ausgeführt. Verlangsame diese Takte und stelle sicher, dass deine Technik hier blitzsauber ist, denn du musst auch einen 1/4-Bend mit deinem kleinen Finger machen.

Beispiel 4l

Hier ist ein weiteres Beispiel für die Kombination von Techniken. Auf den Banjo-Roll in den Takten 3-4 (über einem G-Akkord) folgt in Takt fünf eine Travis-Picking-Phrase (über einem D-Akkord), bevor es in Takt sechs zur Idee des Banjo-Rolls zurückkehrt.

Beispiel 4m

Beispiel 4n ist eine weitere 12-taktige Blues-Sequenz, dieses Mal in A-Dur. Hier beginnen wir mit einer Double-Stop-Pedalton-Idee (d.h. eine Note wird wiederholt, während die Noten um sie herum wechseln). In den Takten 5-6 folgt eine schnelle Passage mit Reverse-Banjo-Rolls, gefolgt von Forward-Banjo-Rolls in den Takten 7-8 und wieder Reverse Rolls in den Takten 9-10. Wir enden mit einigen mollpentatonischen Double Stops und einem Lauf durch die Bluesskala in den letzten beiden Takten.

Beispiel 4n

Zum Abschluss dieses Kapitels hier ein weiteres Double-Stop-Lick, das über A-Dur funktioniert, mit einem schnellen aufsteigenden Lauf, der sich über die Takte 3-4 erstreckt. Verwende Hammer-Ons für den schnellen Lauf.

Beispiel 4o

Kapitel Fünf – Rockabilly Solos

Um das Buch zu vervollständigen, möchte ich dir einige längere Beispiele geben, die zeigen, wie man ein Solo im Rockabilly-Stil aufbaut. Da eine Rockabilly-Band meist nur aus Gitarre, Bass und Schlagzeug besteht, wirst du feststellen, dass die Soli hier eines gemeinsam haben: Sie sind voll klingende Arrangements und es gibt nicht allzu viel Single-Line-Solospiel.

Im Rockabilly sind durchgehende Walking-Basslines weniger üblich als im Jazz, und dies kann ein „Loch" im Sound hinterlassen, wenn der Gitarrist viele Einzelnoten-Soli spielt. Für einen volleren Klang ist es hilfreich, wenn der Gitarrenpart Double Stops, Akkordpassagen und riffartige Phrasen enthält. Hier findest du ein Dutzend Solo-Ideen in verschiedenen Stilen.

Beispiel 5a ist ein hartes, akkordbasiertes Solo über zwei Chorusse eines E-Dur-Blues. In Takt fünf spiele ich den A9/C#-Akkord, indem ich die C#-Note (A-Saite, vierter Bund) mit dem kleinen Finger greife, während der Zeigefinger die E-Note (D-Saite, zweiter Bund) gedrückt hält.

In den Takten 21-22 werden die Akkorde C7 und B7#9 beide mit dem Quintintervall im Bass gegriffen (wodurch der Klang von C7 mit G im Bass und von B7#9 mit F# im Bass entsteht). Dadurch erzeugen wir einen chromatischen Basslauf bis zum letzten E-Akkord.

Beispiel 5a

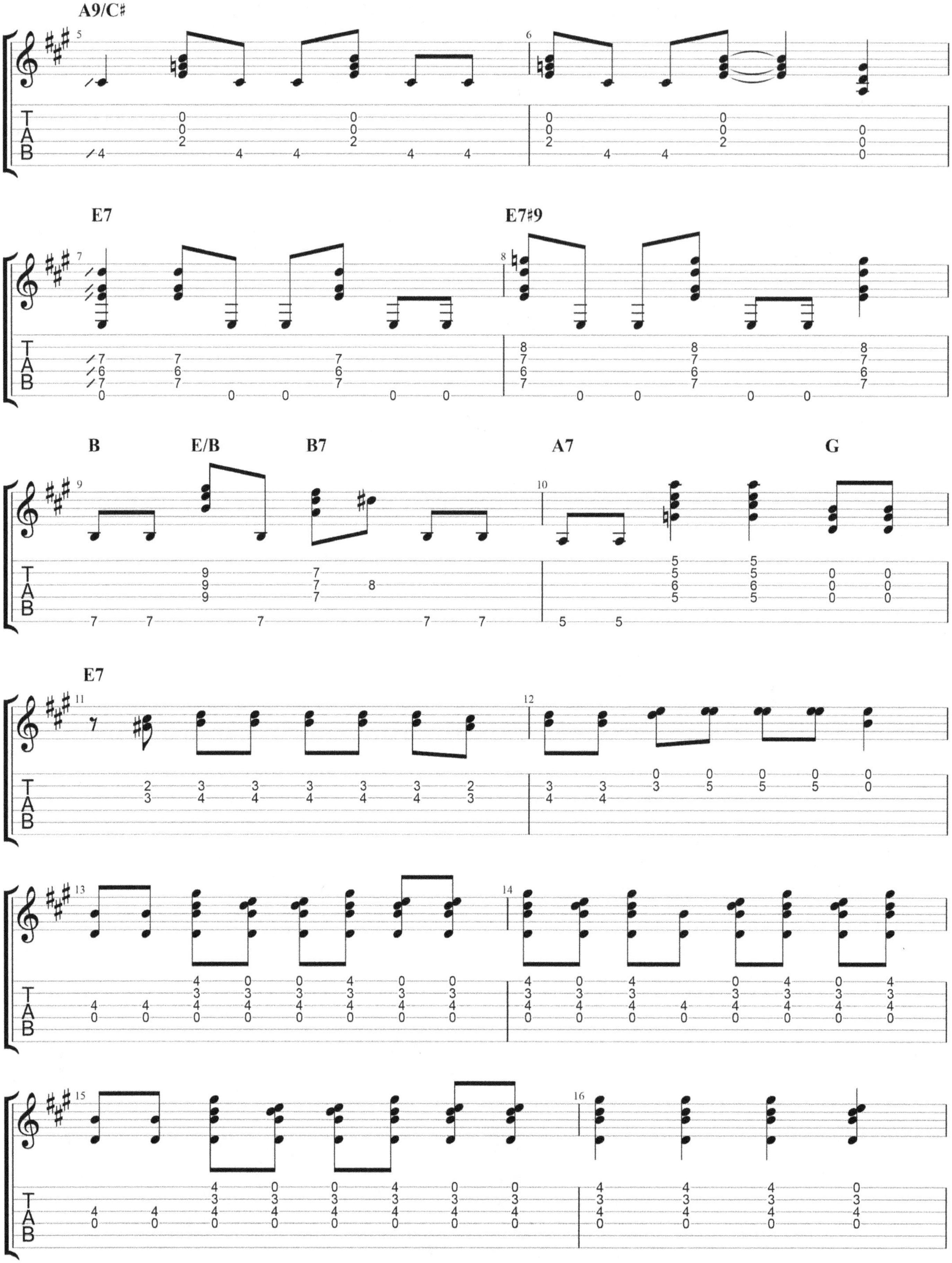
A9/C♯
E7
E7♯9
B
E/B
B7
A7
G
E7

Wenn das Arrangement eines Songs nur Platz für ein kurzes Solo lässt oder wenn du über die Bridge (*Middle Eight*) spielst, dann kannst du auch gleich in die Vollen gehen! Hier ist ein achttaktiges Break in E-Dur. Schlage die Doppelgriffe am zwölften Bund kräftig an und lasse sie ordentlich singen.

Beispiel 5c ist ein 12-Takter in E-Dur. Als wichtigstes Harmonieinstrument im Rockabilly sind viele der Stücke in gitarrenfreundlichen Tonarten geschrieben, was bedeutet, dass du häufig offene Saiten für einen bordunartigen Effekt einbeziehen kannst. In Beispiel 5c wird diese Technik so ausgiebig wie möglich genutzt.

Beispiel 5c

Das nächste Beispiel ist ein weiteres Arrangement eines E-Blues, diesmal mit mehr Bends und Double-Stops. Die Slides in die Akkorde helfen, den Schwung in diesem Solo aufrechtzuerhalten.

Beispiel 5d

Beispiel 5e sind zwei Chorusse eines Blues in A-Dur. Es handelt sich um ein Solo, das einfach beginnt, aber im Laufe des Stücks immer komplexere Ideen einbringt. Der erste Chorus enthält ein recht gewöhnliches akkordbasiertes Riff. In den Takten 13-16 spiele ich eine Pedalton-Idee, bei der ich die hohe A-Note (hohe E-Saite, fünfter Bund) beibehalte, während Noten auf der B-Saite gegen sie absteigen. Die Takte 17-22 enthalten einige vom Country beeinflusste Licks.

Achte auf das Banjo-Roll-Lick in den Takten 19-20. Dies ist eine schöne absteigende Idee, die einen Kaskadeneffekt erzeugt und auf der offenen A-Saite landet. Das Solo endet mit einem Standard-Rock ‚n' Roll-Lick.

Beispiel 5e

Wenn du in einem Rockabilly-Setup spielst, bei dem der Sänger auf der Akustikgitarre klimpert, hast du natürlich mehr Spielraum für Single-Line-Soli. Ansonsten kannst du auch auf einen absolut massiven Gitarrensound mit viel Slap-Back-Echo und einem Hauch von Overdrive zurückgreifen, wie Brian Setzer. Dieses Solo wird über einen Blues in G-Dur gespielt.

Beispiel 5f

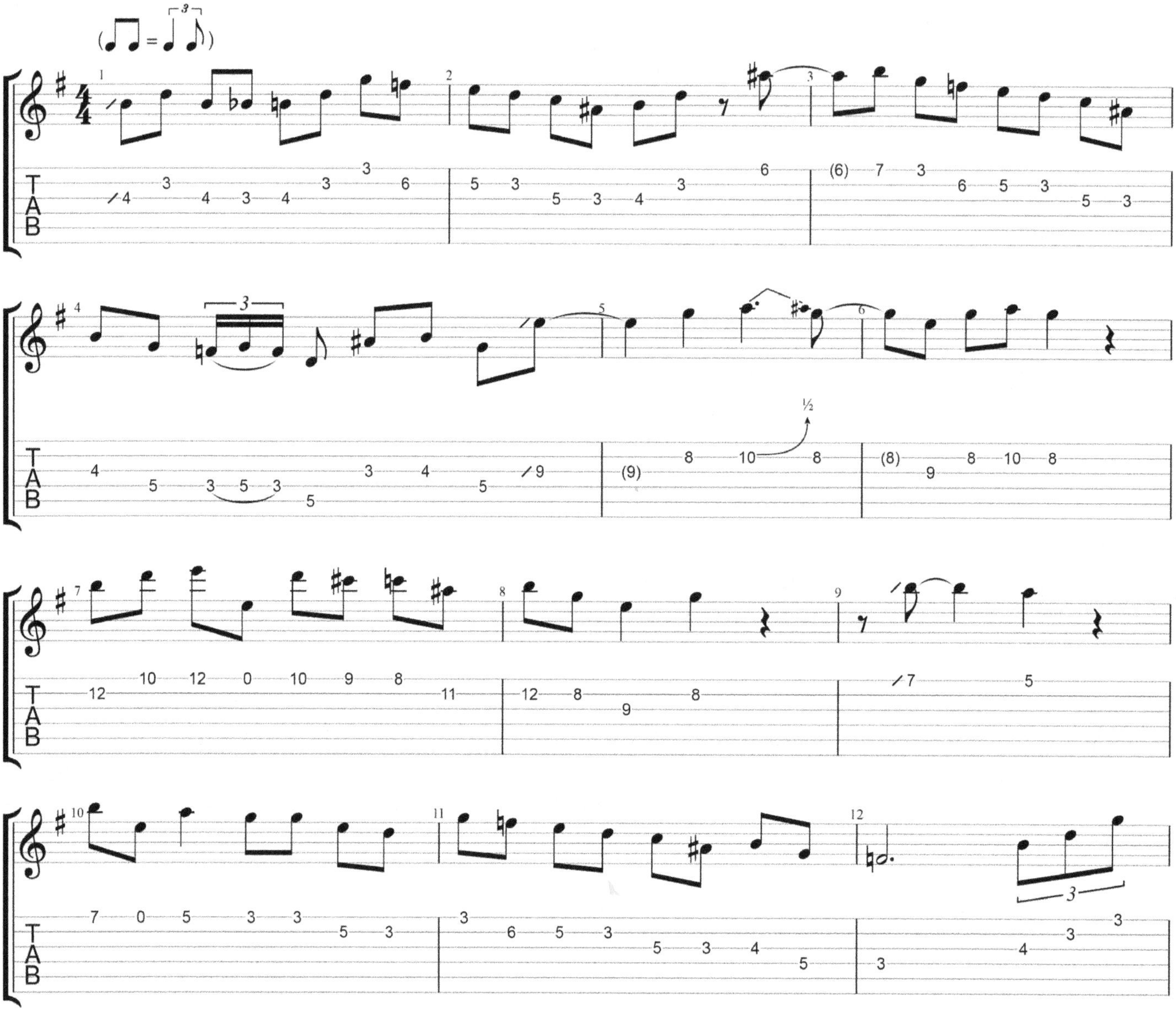

Hier ist ein weiterer Blues in G-Dur. Dieses Solo beginnt mit Single-Note-Linien und wechselt dann zum Travis-Picking, wenn der IV-Akkord (C9) einsetzt. Von Takt sieben bis zum Ende kehren wir zu Single-Note-Phrasen zurück. Achte auf die schnellen Pull-Offs zu offenen Saiten in den letzten beiden Takten.

Beispiel 5g

Und nun etwas ganz anderes. Hier ist ein langsamerer, altmodisch klingender Blues in E-Dur, der fast ausschließlich mit Travis-Picking gespielt wird, abgesehen von einem gelegentlichen Banjo-Roll. Achte darauf, dass du bei diesem Stück mit dem Handballen dämpfst, um das gleiche Feeling wie auf dem Audio einzufangen.

Beispiel 5h

Beispiel 5i ist ein weiteres Travis-Picking-Solo über einen G-Dur-Blues. Dieses ist mehr im Stil von Cliff Gallup. Wie zuvor solltest du, wenn du eine der Passagen als schwierig empfindest, das Tempo drosseln und dich darauf konzentrieren, kleinere Abschnitte nacheinander zu spielen.

Beispiel 5i

Als nächstes haben wir einen A-Dur-Blues. Dieses Solo besteht zum Teil aus einer Melodielinie und zum Teil aus einem Riff. Eine gute Möglichkeit, ein einprägsames Solo zu spielen, besteht darin, ein einfaches Riff zu spielen und es mit einzelnen Melodielinien zu unterbrechen. So hat das Publikum etwas Handfestes, an dem es sich festhalten kann.

Beispiel 5j

Hier ist eine alternative Version des A-Blues. Ich mische hier einen Banjo-Roll-Teil mit einigen Double-Stops im Country-Stil.

Beispiel 5k

Das letzte Beispiel ist ein von mir geschriebenes Stück namens Darrel's Boogie, das auf einem Blues in E-Dur basiert. Die ersten drei Takte geben das Tempo vor, und die 12-taktige Progression beginnt im vierten Takt (gekennzeichnet durch den Doppeltaktstrich). Dies ist eine spaßige Herausforderung, an der du während deiner Übungsstunden arbeiten kannst. Es geht vor allem darum, die Basslinie am Laufen zu halten und zu sehen, was du um sie herum einbauen kannst. Hab Spaß an der Sache und versuche, deine eigenen Ideen für Verzierungen zu finden.

Beispiel 5l

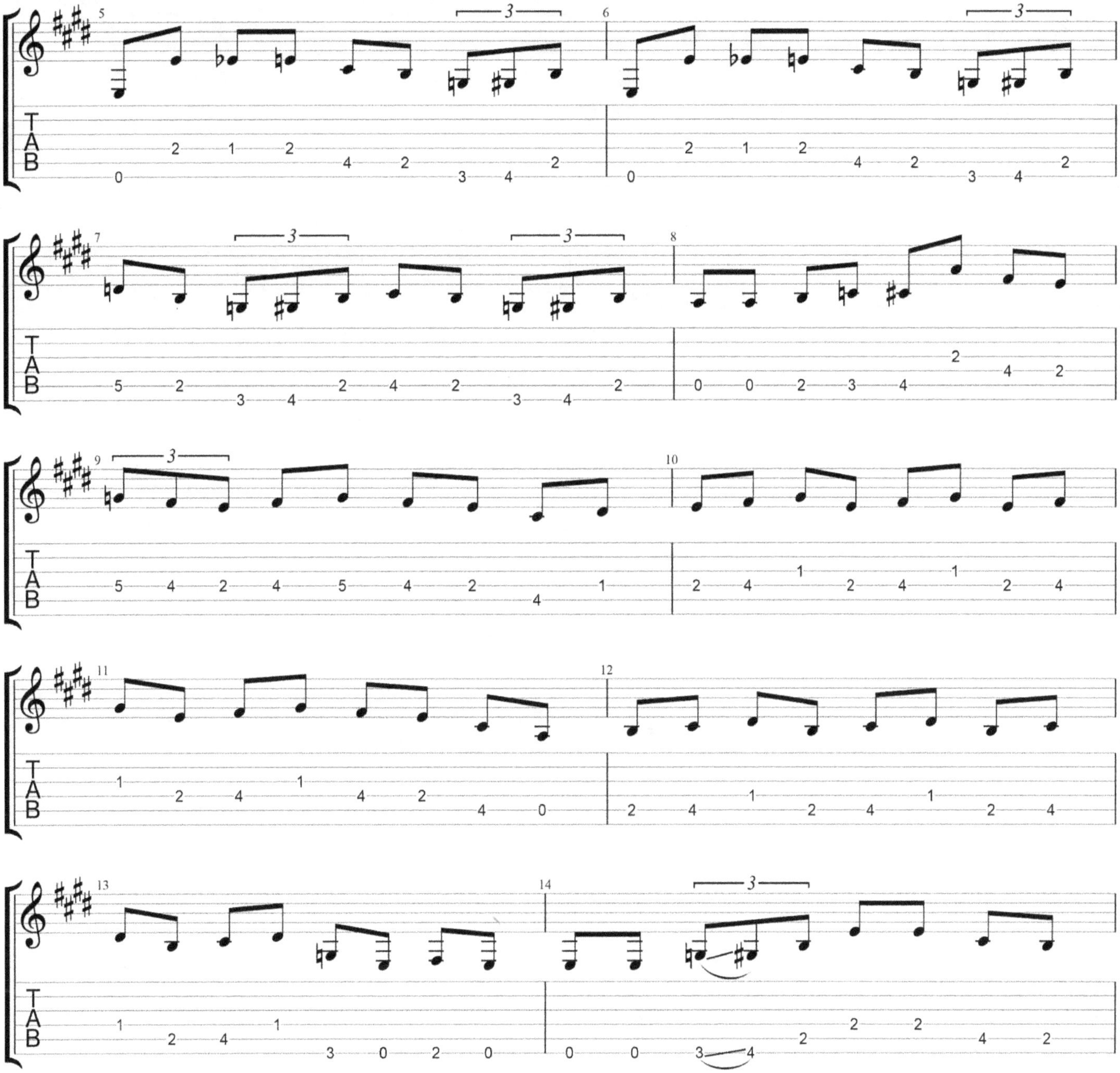

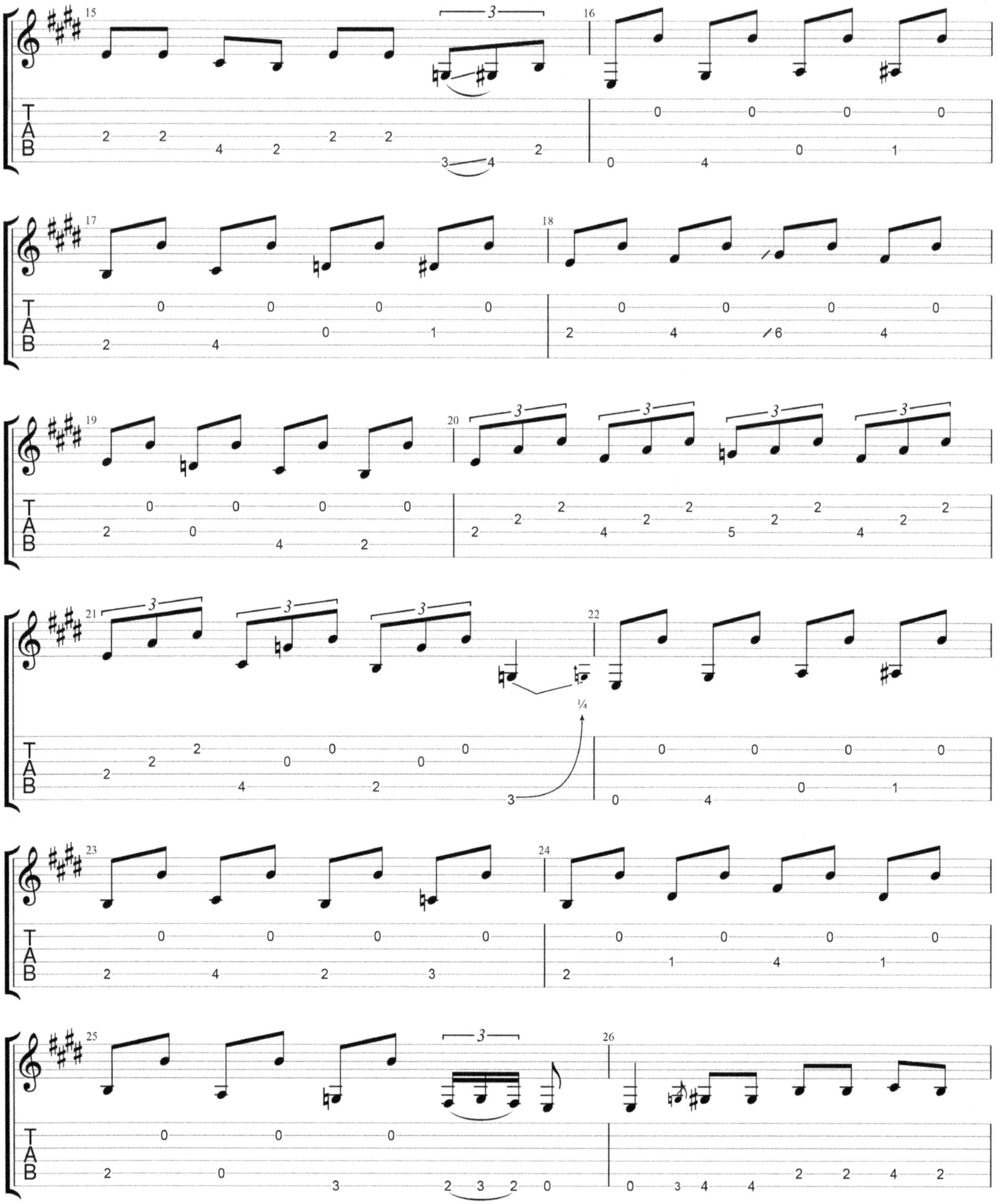

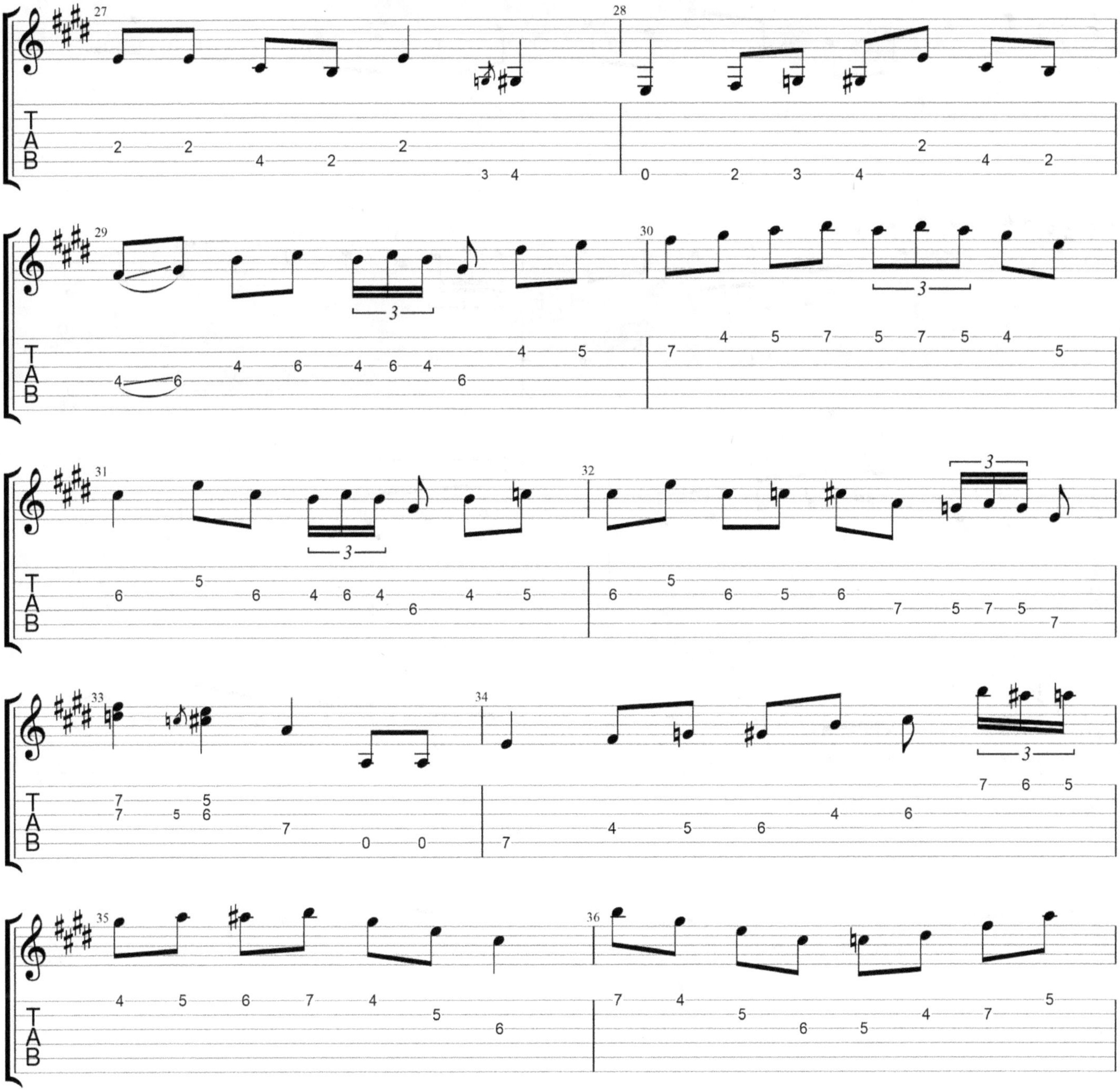

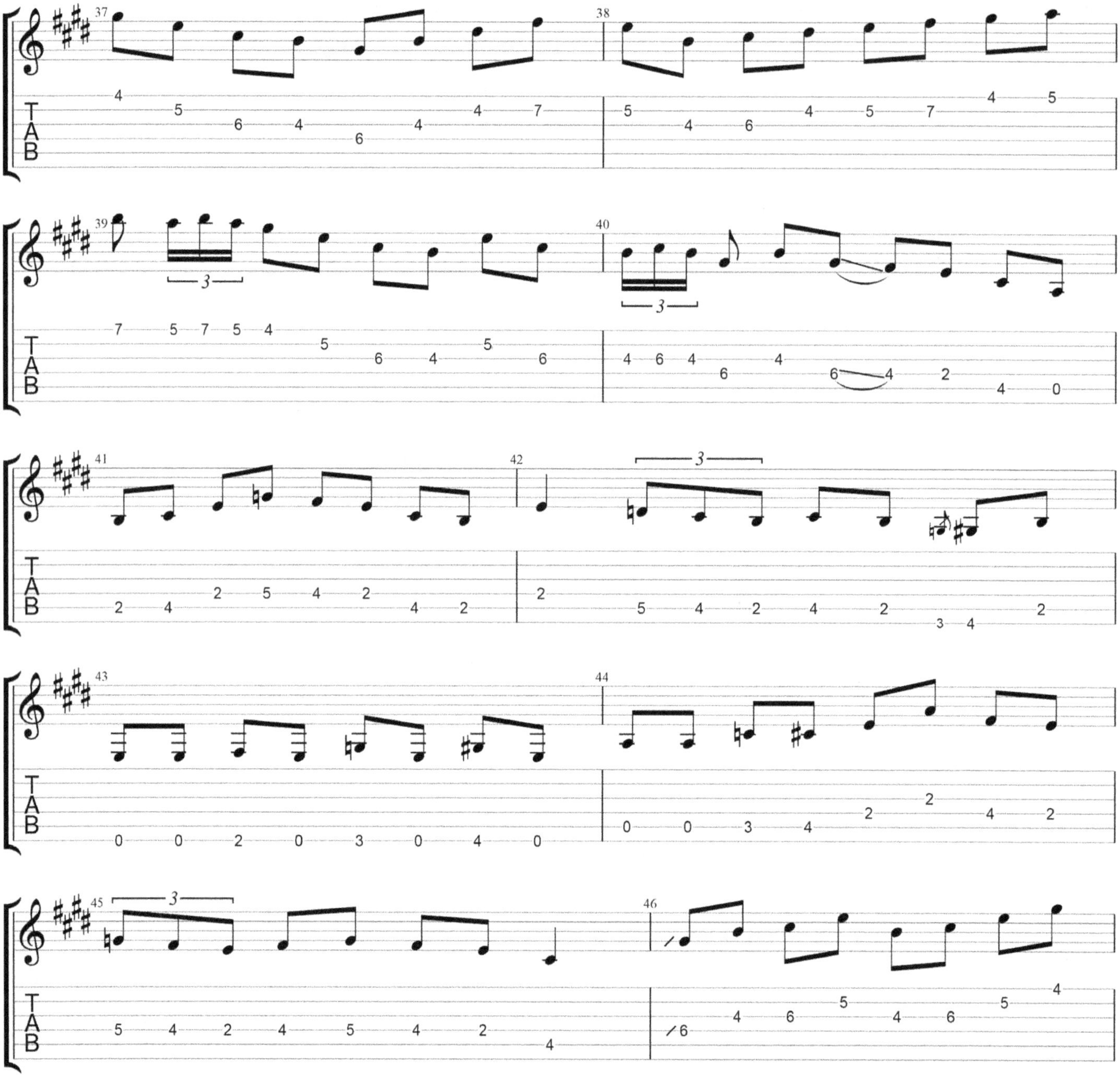

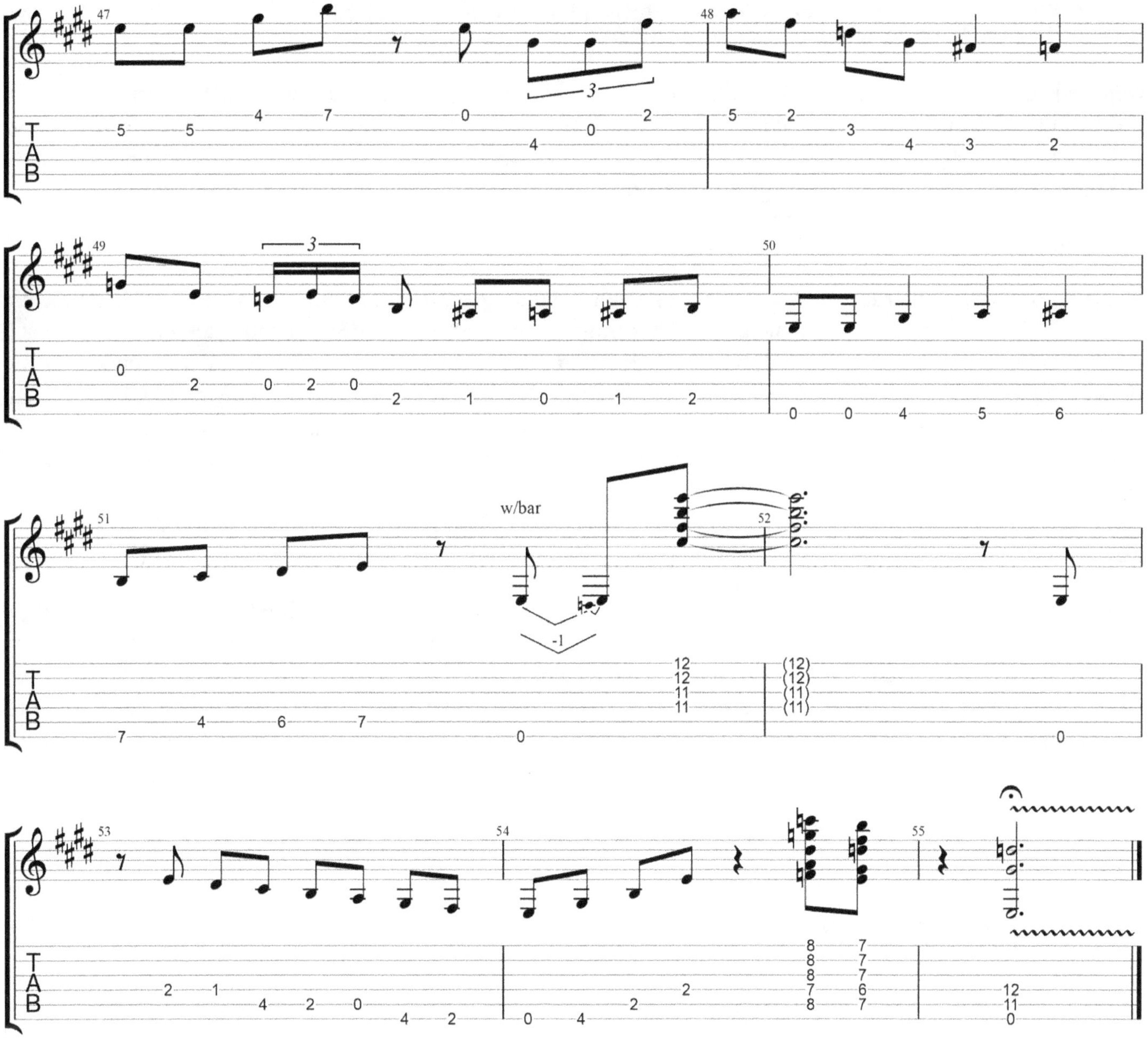
w/bar
-1

Gitarren, Verstärker & Effekte

Wenn ich über mein typisches Bühnen-Setup nachdenke, habe ich immer lieber neue Verstärker, Gitarren und Effekte verwendet, anstatt Vintage Equipment. Das mag ein paar Leute überraschen, aber wenn man so viel auftritt wie ich, ist Zuverlässigkeit das A und O. Ich habe nie eine Vintage-Gitarre oder einen Vintage-Verstärker gehabt, nur um sie bei Gigs einzusetzen.

Gitarren

Meine erste Gretsch wurde 1989 hergestellt und ich habe sie nagelneu gekauft. Es war die 40. Gitarre, die von der gerade wiederauferstandenen Gretsch Company hergestellt wurde und eine der ersten, die nach Großbritannien importiert wurde. Ich habe sie bei jedem Gig und jeder Aufnahmesession verwendet, bis sie 1998 aus einem Theater in Melton Mowbray gestohlen wurde. Ich habe auch einen der ersten Fender Bassman ,59 Reissue-Verstärker gekauft, die in den frühen 1990er Jahren herauskamen, und ihn viele Jahre lang als meinen Hauptverstärker benutzt, bis er in die Luft ging! Leider findet er jetzt nur noch als Türstopper in den Embassy Studios Verwendung. Wie du siehst, habe ich immer neues Equipment gekauft, das einen „Vintage"-Look hat. Das war für mich immer wichtiger als alles andere. Heutzutage gibt es eine so große Auswahl auf dem Markt, dass ich mir dachte, es wäre hilfreich, wenn ich einmal aufzähle, was ich verwende.

Da ich von Gretsch unterstützt und ausgerüstet werde, benutze ich ausschließlich ihre Gitarren, aber ich würde sie auch benutzen, wenn ich es nicht wäre, denn für mich sind sie die perfekten Gitarren für Rockabilly. Dank Eddie Cochran, Cliff Gallup, Duane Eddy, Chet Atkins (ja, er spielte in den 1950er Jahren auf vielen Rockabilly-Songs!) und vielen anderen aus der goldenen Ära dieser Musik hat Gretsch den Sound definiert, den ich erreichen wollte. Nicht zu vergessen, dass Brian Setzer in den frühen 1980er Jahren mit den Stray Cats auftauchte, denn auch er hatte einen großen Einfluss auf mich.

Nebenbei bemerkt, ist es wichtig zu wissen, dass Rockabilly-Musik nicht nur auf Gretsch-Gitarren gespielt wurde, es gibt also noch andere Möglichkeiten. Scotty Moore war ein Gibson-Mann und seine frühe Arbeit mit Elvis wurde auf einer Gibson 295 gespielt. Später wechselte er zur legendären L5, die er für stilprägende Aufnahmen wie *Hound Dog, My Baby Left Me, Don't Be Cruel, Lawdy Miss Clawdy, King Creole* und andere verwendete.

James Burton verwendete eine Telecaster. Joe Maphis benutzte eine Mosrite-Gitarre mit zwei Hälsen (siehe YouTube). Grady Martin benutzte eine Vielzahl von Gitarren, schien aber eine Bigsby zu bevorzugen. (Der Bigsby-Tremoloarm ist legendär, aber Bigsby baute auch Gitarren und einige davon sahen ziemlich exotisch aus!) Hank Garland benutzte ebenfalls Gibsons und eine Vielzahl weiterer Gitarren für seine zahlreichen Sessions in Nashville. Buddy Holly war berühmt dafür, eine Stratocaster zu spielen und bei seinen frühen Rockabilly-Aufnahmen in Nashville im Jahr 1956 benutzte Sonny Curtis Buddys Gitarre, um bei Songs wie *Rock Around With Ollie Vee, Love Me, Midnight Shift, Changing All Those Changes* und *Don't Come Back Knockin'* den Leadpart zu spielen.

Wenn die Gretsch dein Ding ist, gibt es heutzutage jedoch einige großartige preiswerte Optionen. Sie sehen alle gut aus und klingen wunderbar, so dass die Auswahl unglaublich groß ist. Ich empfehle von Herzen die preisgünstige Electromatic-Serie, wenn du ernsthaft mit dem Gedanken spielst, dir eine Rockabilly-Axt zuzulegen, aber kein Vermögen ausgeben willst. Die Gretsch 5120 ist es wert, dass du sie dir ansiehst und anspielst, wenn du sie in deinem Gitarrenladen siehst.

Ich besitze sieben Gretsch-Gitarren. Ich habe eine Custom Shop 6120, die 2008 von Stephen Stern - dem legendären Gretsch Master Builder - gebaut wurde. Sie ist eine Replik der 6120 aus der Mitte der 50er Jahre und wird hauptsächlich für Aufnahmen und selten für Auftritte verwendet. Stephen hat auch meine

5170 (meine Hauptgitarre) gebaut, die eine Kreuzung aus einer 6120 und einer White Falcon ist. Sie hat die Halsabmessungen und das Finish einer 6120 aus der Mitte der 50er Jahre, aber die Korpusgröße und die Kopfplatte einer Falcon.

Ich habe eine moderne Duo Jet mit Dynasonic-Tonabnehmern und einem Bigsby mit fixiertem Arm, die ich für alle Gigs verwende, bei denen ein Cliff-Gallup-Sound gefragt ist. Tatsächlich haben alle meine Gretsch-Gitarren ein Bigsby mit fixiertem Arm, was bedeutet, dass der Arm nicht wackelt oder sich wegbewegt, da er direkt über dem Pickguard fixiert ist. Die allerersten Bigsby-Tremolos wurden alle auf diese Weise hergestellt und mit genau diesem Modell war Eddie Cochrans 6120 bestückt. Er hatte nie das Bedürfnis, sein Tremolo zu wechseln und wenn es für Eddie gut genug war, dann ist es auch gut genug für mich! Diese Tremolohebel sind auf modernen Gitarren nicht sonderlich beliebt und waren auch Mitte der 50er Jahre nicht sonderlich beliebt, so dass Bigsby um 1956/57 auf den bekannteren „Sway"-Arm umstieg. Ein weiterer Einfluss von Eddie ist die Verwendung eines Dynasonic-Tonabnehmers (oder DeArmond, wie sie in den 1950er Jahren genannt wurden) am Hals und eines Gibson P90 am Steg. Ich habe diese Tonabnehmerkonfiguration auf allen meinen Gitarren, außer auf der bereits erwähnten Duo Jet. Im Laufe der Jahre habe ich originale und neu aufgelegte Dynasonics verwendet und ich mag die Seymour Duncan- und TV Jones-Versionen.

Weitere Gretsch-Gitarren, die ich besitze, sind eine White Falcon, eine Rancher Acoustic, eine sechssaitige Baritongitarre und ein Eddie Cochran 6120 Signature Modell, das ich zu Auftritten im Ausland mitnehme.

Verstärker

Ich habe das Glück, seit vielen Jahren auch von Peavey unterstützt zu werden. Nachdem mein Fender Bassman den Geist aufgegeben hatte, kaufte ich einen Peavey Delta Blues und ich habe das nie bereut. Ich hatte immer den 1x15"-Speaker, weil ich finde, dass er die Dynasonic-Tonabnehmer, die ich benutze, fetter macht. Dieser Verstärker hat mich nie im Stich gelassen. Er ist ein echtes Arbeitstier, klingt immer gut und ist sehr robust. Es ist auch sehr einfach, sofort den gewünschten Sound zu bekommen, und das ist bei Gigs unglaublich wichtig, wenn man nicht viel Zeit zum Einstellen hat. Ich benutze immer den Drive-Kanal, um einen leichten Overdrive zu erhalten. Ich mag nicht zu viel Verzerrung, nur so viel, um dem cleanen Sound die Schärfe zu nehmen. Der Verstärker hat nur 30 Watt, aber genug Power für jeden Gig, den ich je gespielt habe, sei es in einer Kneipe oder auf einem großen Festival.

Effekte

Bei den Effekten habe ich immer darauf geachtet, die Dinge einfach zu halten. Als ich anfing, aufzutreten, habe ich alles benutzt, was ich mir leisten konnte. Es gab keine große Auswahl an Effekten, da die digitalen Pedale noch in den Kinderschuhen steckten, aber ich erinnere mich, dass ich ein sehr frühes Watkins Copicat Echo besaß und spielte. Es war der blau-weiße Kasten, der aus den frühen 1960er Jahren stammt. Allerdings rauschte er ziemlich und verbrauchte die Bänder in alarmierender Geschwindigkeit!

Ich bin nicht besonders wählerisch, wenn es um digitale Delay-Pedale geht, aber ich empfehle das Danelectro Reel Echo. Für Auftritte verwende ich ein Zoom G2-Pedal. Ich benutze diese Zoom-Pedale seit den späten 90er Jahren und ich mag sie, weil sie relativ preiswert sind und eine gute Auswahl an Effekten sowie eine Stummschaltung für das Stimmgerät haben, was während eines Gigs besonders praktisch ist. Das G2 verfügt über die üblichen Echo- und Reverb-Einstellungen, die du nach deinem persönlichen Geschmack bearbeiten kannst. Ich habe vier Einstellungen, die ich regelmäßig verwende: ein kurzes Slap-Back-Echo, eine etwas längere Version desselben Echos, einen Tremolo-Effekt und einen sehr kurzen Hall, der eigentlich eher ein Ambient-Sound ist, weil er einfach alles fetter macht. Ich verwende diese Effekte individuell für bestimmte Songs, aber meine Haupteinstellung ist das kurze Slap-Back-Echo, das ich für 90% eines typischen Gigs verwende.

Ich besitze auch ein paar Nocturne Brain Pedale und kann sie nur empfehlen. Mehr Informationen findest du unter **https://www.thenocturnebrain.com/**

Saiten

Als Saiten verwende ich Ernie Ball in der Stärke 10-46, tausche aber die B- und G-Saiten gegen 12 bzw. 18. Ich bevorzuge eine umsponnene G-Saite, da sie ein weiteres Element ist, das dazu beiträgt, den Sound insgesamt fetter zu machen, und ich finde sie leichter zu spielen. Ich spiele nicht sehr häufig große Bends, also gibt es keinen Grund, dünnere Saiten als 10er zu verwenden.

Vielen Spielern mögen selbst 10er-Saiten für eine große Gretsch-Gitarre als zu weich erscheinen, aber ich wende ein paar Tricks an, um sie in Stimmung zu halten. Erstens habe ich den Bisgby in den Korpus der Gitarre geschraubt, unterhalb der Stelle, an der die Feder sitzt. Das verhindert, dass sich der Saitenhalter von einer Seite zur anderen bewegt, was durchaus passieren kann, wenn man mit dem Arm zu enthusiastisch ist! Zweitens klebe oder schraube ich den Steg fest (ich bevorzuge Letzteres). Das ist sehr wichtig, denn so können sich Saitenhalter und Steg nicht mehr bewegen, weder einzeln noch zusammen. Wenn es ein gewisses Verrutschen gibt, ist das die Hauptursache für Stimmprobleme. Ich verstehe, dass viele Spieler nicht gerade scharf darauf sind, Löcher in ihre teuren oder sehr geschätzten Gitarren zu bohren, aber diese beiden einfachen Schritte haben meine Stimmprobleme mit einer Bigsby-Tremolo-Einheit gelöst.

So, das war's. Ich hoffe, das war hilfreich. Ich danke dir aufrichtig für deine Unterstützung und hoffe, dass dir dieses Buch dabei geholfen hat, diese unverwechselbare Art des Gitarrenspiels zu meistern. Viel Spaß beim Spielen und *don't let the bop stop!*

Darrel Higham

August 2020

www.ingramcontent.com/pod-product-compliance
Lightning Source LLC
Chambersburg PA
CBHW081432090426

42740CB00017B/3271